A Midsommer nights dreame
Ein Mittsommernachtstraum

Steckels Shake-Speare

William Shakespeare

A Midsommer nights dreame
Ein Mittsommernachtstraum

Titelbild: Bühnenbildmodell zu Max Reinhardts Inszenierung
»Ein Sommernachtstraum« von K. Walser, M. Reinhardt, G. Knina
Neues Theater am Schiffbauerdamm, Berlin, 1905
Foto: Archiv des Verlages Christoph Links, Berlin

Rückseite: Karl Kraus, Postskriptum zum letzten Brief
an Sidonie Nádherny vom 15./16.5.1936
aus: Karl Kraus, Briefe an Sidonie Nádherny von Borutin 1913-1936
Hg. von Friedrich Pfäfflin © Wallstein Verlag, Göttingen 2005
Reproduktion mit freundlicher Genehmigung
des Brenner-Archivs, Universität Innsbruck

Bühnenrechte beim Verlag der Autoren

© Verlag Uwe Laugwitz,
D-21244 Buchholz in der Nordheide, 2014

ISBN 9783-933077-36-3

Inhalt

A Midsommer nights dreame	6
Ein Mittsommernachtstraum	7
Dramatis Personæ	156
Anmerkungen	157
Nachwort	
Zu dieser Edition	168
Zum Stück	
Textgrundlage	169
Shakespeares letzte Veröffentlichung	173
Quelle	
Literarische Quellen	176
Hochzeitsfeiern	178
Eine Lokalisierung	180
Eine Selbstparodie	184
Datierung	186
Literatur	190

A Midsommer nights dreame

Ein Mittsommernachtstraum

Enter Theseus, Hippolita, *with others.*

Theseus. NOw faire *Hippolita*, our nuptiall hower
　Draws on apase: fower happy daies bring in
　An other Moone: but oh, me thinks, how slow
　This old Moone wanes! She lingers my desires,
　Like to a Stepdame, or a dowager,
　Long withering out a yong mans reuenewe.

Hip. Fower daies will quickly steepe themselues in night:
　Fower nights will quickly dreame away the time:
　And then the Moone, like to a siluer bowe,
　Now bent in heauen, shall beholde the night
　Of our solemnities.
The. Goe *Philostrate,*
　Stirre vp the *Athenian* youth to merriments,
　Awake the peart and nimble spirit of mirth,
　Turne melancholy foorth to funerals:
　The pale companion is not for our pomp.
　Hyppolita, I woo'd thee with my sword,
　And wonne thy loue, doing thee iniuries:
　But I will wed thee in another key,
　With pompe, with triumph, and with reueling.
　　　Enter Egeus *and his daughter* Hermia, *and* Lysander
　　　　　and Helena, *and* Demetrius.
Ege. Happy be *Theseus*, our renowned duke.
The. Thankes good *Egeus*. Whats the newes with thee?
Ege. Full of vexation, come I, with complaint
　Against my childe, my daughter *Hermia*.
　　　　　Stand forth Demetrius.

I. AKT
1. Szene
Theseus, Hippolyta, Philostrat, Gefolge

THESEUS Es naht, schöne Hippolyta, die Stunde,
  Die uns vereint. Vier heitre Tage noch,
  Und neu erscheint uns Luna und verjüngt:
  Doch, o wie zäh, bedünkt mich, altert sie!
  Erfüllung meiner Wünsche schiebt sie auf,
  Stiefmüttern darin ähnlich oder Witwen,
  Die lang vom Erbteil ihrer Söhne zehren.
HIPPOLYTA Vier Tage färben rasch sich um in Nächte,
  Vier Nächte träumen rasch die Zeit hinweg;
  Dann spannt die Göttin in dem hohen Himmel
  Den Silberbogen und besieht die Nacht,
  In der wir feiern.
THESEUS   Philostratus, lauf,
  Beweg die Jugend mir Athens zum Frohsinn;
  Laß Spaß los, ungehemmt und unbedenklich:
  Melancholie mag sich zu Gräbern scheren,
  Der blasse Gast paßt nicht zu unserm Prunk.
  Hippolyta, ich warb dich mit dem Schwert,
  Gewann mir, dich verwundend, deine Liebe;
  Zur Frau will ich in anderm Ton dich nehmen,
  Mit Prunk, mit Jubel und mit Lustbarkeiten.
    Egeus, Hermia, Lysander, Demetrius

EGEUS Glück Theseus, unserm hochberühmten Herzog!
THESEUS Dank, guter Egeus: Was bringst du uns Neues?
EGEUS Ich komme voll von Kummer, mit Beschwerden
  Mein Kind betreffend, Hermia, die Tochter.
  Tritt vor, Demetrius. Mein edler Herr,

My noble Lord,
This man hath my consent to marry her.
Stand forth Lisander.
And my gratious Duke,
This man hath bewitcht the bosome of my childe.
Thou, thou *Lysander*, thou hast giuen her rimes,
And interchang'd loue tokens with my childe:
Thou hast, by moone-light, at her windowe sung,
With faining voice, verses of faining loue,
And stolne the impression of her phantasie:
With bracelets of thy haire, rings, gawdes, conceites,
Knackes, trifles, nosegaies, sweete meates (messengers
Of strong preuailement in vnhardened youth)
With cunning hast thou filcht my daughters heart,
Turnd her obedience (which is due to mee)
To stubborne harshnesse. And, my gratious Duke,
Be it so, she will not here, before your Grace,
Consent to marry with *Demetrius*,
I beg the aunceint priuiledge of *Athens*:
As she is mine, I may dispose of her:
Which shall be, either to this gentleman,
Or to her death; according to our lawe,
Immediatly prouided, in that case.
The. What say you, *Hermia*? Be aduis'd, faire maid.
To you, your father should be as a God:
One that compos'd your beauties: yea and one,
To whome you are but as a forme in wax,
By him imprinted, and within his power,
To leaue the figure, or disfigure it:
Demetrius is a worthy gentleman.
Her. So is *Lisander*.   *The.* In himselfe he is:

Dem Mann bin ich gewillt, sie zu vermählen.
Tritt vor, Lysander: und, mein gnäd'ger Herzog,

Der Mann hat mir das Herz des Kinds behext:
Du, du, Lysander, du hast sie bedichtet,
Und Liebespfänder mit dem Kind getauscht:
Bei Mondschein sangst du unter ihrem Fenster
Mit süßer Stimme süßlich Liebeslieder;
Und nahmst das Inbild ihrer Phantasie weg
Mit Schleifen deines Haars, Tand, Talmi, Tollheit,
Mit Nippes, Sträußchen, Naschwerk, Botschaftern
Von hohem Rang für die noch grüne Jugend:
So stahlst du schlau die Liebe meiner Tochter,
Verdrehtest den Gehorsam, mir geschuldet,
Zu harschem Trotz: und wenn sie, gnäd'ger Herr,
Sich hier vor Euer Gnaden nicht gewillt zeigt,
Demetrius zum Ehgemahl zu nehmen,
Trag ich, nach altem Recht Athens, drauf an,
Sie, da sie mein, wie ich will, zu vergeben:
Und zwar entweder diesem Gentleman
Oder ihrem Tod, der laut Gesetz
Für diesen Fall sogleich die Folge ist.
THESEUS Was sprecht Ihr, Hermia? Schönes Kind, bedenkt,
Für Euch soll Euer Vater wie ein Gott sein,
Der Eure Reize schuf; jawohl, und einer,
Für den Ihr mehr nicht als ein Wachsbild seid,
Von ihm geformt, es liegt in seiner Hand,
Euch zu erschaffen oder umzuschaffen.
Demetrius ist ein würd'ger Gentleman.
HERMIA Ganz wie Lysander.
THESEUS   Nimmt man ihn für sich;

>   But in this kinde, wanting your fathers voice,
>   The other must be held the worthier.
> *Her.* I would my father lookt but with my eyes.
> *The.* Rather your eyes must, with his iudgement, looke,
> *Her.* I doe intreat your grace, to pardon mee.
>   I know not by what power, I am made bould;
>   Nor how it may concerne my modesty,
>   In such a presence, here to plead my thoughts:
>   But I beseech your Grace, that I may knowe
>   The worst that may befall mee in this case,
>   If I refuse to wed *Demetrius*.
> *The.* Either to dy the death, or to abiure,
>   For euer, the society of men.
>   Therefore, faire *Hermia*, question your desires,
>   Knowe of your youth, examine well your blood,
>   Whether (if you yeelde not to your fathers choyce)
>   You can endure the liuery of a Nunne,
>   For aye to be in shady cloyster, mew'd
>   To liue a barraine sister all your life,
>   Chaunting faint hymnes, to the colde fruitlesse Moone.
>   Thrise blessed they, that master so there bloode,
>   To vndergoe such maiden pilgrimage:
>   But earthlyer happy is the rose distild,
>   Then that, which, withering on the virgin thorne,
>   Growes, liues, and dies, in single blessednesse.
> *Her.* So will I growe, so liue, so die my Lord,
>   Ere I will yield my virgin Patent, vp
>   Vnto his Lordshippe, whose vnwished yoake
>   My soule consents not to giue soueurainty.
> *The.* Take time to pawse, and by the next newe moone,
>   The sealing day, betwixt my loue and mee,
>   For euerlasting bond of fellowshippe,

Doch hierbei muß, fehlt ihm des Vaters Stimme,
Der andre als der würdigere gelten.
HERMIA Mein Vater, sähe er mit meinen Augen!
THESEUS Besser, deine sehn mit seiner Brille.
HERMIA Ich flehe Euer Gnaden um Vergebung.
Die Macht, die mich erkühnt, ist mir ganz fremd,
Wie auch die Unbescheidenheit, in solcher
Gegenwart, was mich bewegt, zu äußern;
Doch ich ersuche Euer Gnaden, nennt mir
Das größte Übel, das mich trifft, wenn ich
Mich weigre, den Demetrius zu nehmen.
THESEUS Den Tod zu sterben, oder der Gesellschaft
Der Männerwelt auf ewig zu entsagen.
Drum prüfe, schöne Hermia, deine Wünsche;
Erkenne deine Jugend, frag dein Blut,
Ob du, die sich dem Vater nicht mag fügen,
Die Nonnentracht zu tragen wohl erträgst:
Im Klosterdämmer dauernd eingeschlossen,
Als bittre Schwester all dein Leben leben,
Der prüden Möndin fade Hymnen singend.
Dreifach gesegnet, die ihr Blut bemeistern
Und auf solch keusche Pilgerfahrt sich machen;
Doch erdverbundner glücklich ist die Rose,
Die gepflückt wird, statt am Jungfraundorn
Zu blühen und gesegnet zu verwelken.
HERMIA So will ich blühen, so verwelken, Herr,
Eh ich den Schutzbrief meiner Jungfernschaft
Dem Mann aushänd'ge, dessen unerwünschtem
Joch sich meine Seele niemals beugt.
THESEUS Nehmt Euch Zeit; und, zeigt der neue Mond sich,
Am Siegel-Tag, der meine Liebe mir
Für alle Zeiten inniglich verbindet,

>   Vpon that day either prepare to dye,
>   For disobedience to your fathers will,
>   Or else to wed *Demetrius*, as he would,
>   Or on *Dianaes* altar to protest,
>   For aye, austeritie and single life.
> *Deme.* Relent, sweete *Hermia*, and, *Lysander*, yeeld
>   Thy crazed title to my certaine right.
> *Lys.* You haue her fathers loue, *Demetrius*:
>   Let me haue *Hermias*: doe you marry him.
> *Egeus.* Scornefull *Lysander*, true, he hath my loue:
>   And what is mine, my loue shall render him.
>   And she is mine, and all my right of her
>   I doe estate vnto *Demetrius*.
> *Lysand.* I am my Lord, as well deriu'd as hee,
>   As well possest: my loue is more than his:
>   My fortunes euery way as fairely rankt
>   (If not with vantage) as *Demetrius*:
>   And (which is more then all these boastes can be)
>   I am belou'd of beautious *Hermia*.
>   Why should not I then prosecute my right?
>   *Demetrius*, Ile auouch it to his heade,
>   Made loue to *Nedars* daughter, *Helena*,
>   And won her soule: and she (sweete Ladie) dotes,
>   Deuoutly dotes, dotes in Idolatry,
>   Vpon this spotted and inconstant man.
> *The.* I must confesse, that I haue heard so much;
>   And, with *Demetrius*, thought to haue spoke thereof:
>   But, being ouer full of selfe affaires,
>   My minde did loose it. But *Demetrius* come,
>   And come *Egeus*, you shall goe with mee:
>   I haue some priuate schooling for you both.
>   For you, faire *Hermia*, looke you arme your selfe,

Auf diesen Tag bereitet Euch zum Tod
Für die Mißachtung väterlichen Willens,
Wo nicht zum Ehbund mit Demetrius;
Oder dazu, am Altar Dianas
Enthaltsamkeit und Einsamkeit zu schwören.
DEMETRIUS Fügt Euch, süße Hermia: Lysander,
Mein Recht beseitigt Euren wirren Anspruch.
LYSANDER Die Liebe ihres Vaters habt Ihr, Demetrius;
Laßt mir die Hermias: heiratet ihn.
EGEUS Höhnischer Lysander! Wahr, er hat sie,
Und meine Liebe läßt, was mein ist, ihm;
Und mein ist sie, und all mein Recht an ihr
Vermache ich hiermit Demetrius.
LYSANDER Ich bin, Mylord, so hoch geborn wie er,
So reich begütert; meine Liebe schlägt
Die seinige, und was mein Glück angeht,
Kommt's seinem gleich, wo's seins nicht übertrifft;
Und was mehr ist als dies Prahlen sein kann:
Mich liebt die wunderbare Hermia:
Warum soll da ich auf mein Recht verzichten?
Demetrius, ich sag's ihm auf den Kopf zu,
Umwarb die Tochter Nedars, Helena,
Und gewann sie: sie, die süße Lady
Schwärmt, schwärmt andachtsvoll, schwärmt abgöttisch
Für diesen falschen, flatterhaften Mann.
THESEUS Ich muß gestehn, davon kam mir zu Ohren,
Und mit Demetrius sprechen wollte ich;
Doch übervoll mit eignen Geschäften,
Vergaß ich das. Doch kommt, Demetrius,
Und, Egeus, kommt; ihr geht mit mir, ich muß
Euch beide noch persönlich instruieren.
Ihr, schöne Hermia, seht zu, daß Ihr

    To fit your fancies, to your fathers will;
    Or else, the Law of *Athens* yeelds you vp
    (Which by no meanes we may extenuate)
    To death, or to a vowe of single life.
    Come my *Hyppolita*: what cheare my loue?
    Demetrius and *Egeus* goe along:
    I must employ you in some businesse,
    Against our nuptiall, and conferre with you
    Of some thing, nerely that concernes your selues.

Ege. With duety and desire, we follow you. *Exeunt.*

Lysand. How now my loue? Why is your cheeke so pale?
    How chance the roses there doe fade so fast?
Her. Belike, for want of raine: which I could well
    Beteeme them, from the tempest of my eyes.
Lis. Eigh me: for aught that I could euer reade,
    Could euer here by tale or history,
    The course of true loue neuer did runne smoothe:
    But either it was different in bloud;
Her. O crosse! too high to be inthrald to loue.
Lis. Or else misgraffed, in respect of yeares;
Her. O spight! too olde to be ingag'd to young.
Lis. Or else, it stoode vpon the choyce of friends;
Her. O hell, to choose loue by anothers eyes!
Lys. Or, if there were a sympathy in choyce,
    Warre, death or sicknesse, did lay siege to it;
    Making it momentany, as a sound;
    Swift, as a shadowe; short, as any dreame;
    Briefe, as the lightning in the collied night,
    That (in a spleene) vnfolds both heauen and earth;
    And, ere a man hath power to say, beholde,

Euch darauf rüstet, Eure Herzenswünsche
Dem Willen Eures Vaters anzupassen,
Soll das Gesetz Athens, das wir mitnichten
Verbiegen dürfen, Euch dem Tod nicht oder
Dem Schwur mannlosen Lebens überliefern.
Komm nun, Hippolyta: wie ist dir, Liebste?
Demetrius und Egeus, macht voran,
Ich habe ein Geschäft für euch, in Sachen
Unsrer Hochzeit; und mit euch besprechen
Muß ich etwas, das euch nah betrifft.

EGEUS Wir folgen Euch pflichtschuldig und mit Eifer.
Alle ab bis auf Lysander und Hermia.

LYSANDER Was macht, Herzlieb, die Wange Euch so weiß?
Was läßt die Rosen hier so rasch verdorren?

HERMIA Zu wenig Regen, den ein Wolkenbruch
Aus meinen Augen reichlich spenden kann.

LYSANDER Ich Armer! Denn nach allem, was ich las,
Was ich aus Märchen und Geschichten lernte,
Ging wahrer Liebe Gang noch niemals glatt;
Entweder war sie von Geburt verschieden –

HERMIA O Pein! Zu hoch zu stehn, um tief zu fühlen.

LYSANDER Oder mißverhältlich in den Jahren –

HERMIA O Gram! Zu alt zu sein, um jung zu freien.

LYSANDER Oder die Familie beschloß sie –

HERMIA O Hölle! Lieben durch die Augen andrer!

LYSANDER Oder, fand die Wahl zu einem Einklang,
Kam Krieg, kam Tod, kam Krankheit, ihr zu schaden,
Und ließ sie flüchtig werden wie ein Klang,
Wie Schatten blaß, vergänglich wie nur Träume,
Kurz wie der Blitz, der in geschwärzter Nacht
Aufzuckend Himmel dir umreißt und Erde,
Doch ehe du noch Zeit hast »Schau!« zu sagen,

  The iawes of darkenesse do deuoure it vp:
  So quicke bright things come to confusion.
Her. If then true louers haue bin euer crost,
  It stands as an edict, in destiny:
  Then let vs teach our triall patience:
  Because it is a customary crosse,
  As dewe to loue, as thoughts, and dreames, and sighes,
  Wishes, and teares; poore Fancies followers.
Lys. A good perswasion: therefore heare mee, *Hermia*:
  I haue a widowe aunt, a dowager,
  Of great reuenew, and she hath no childe:
  From Athens is her house remote, seauen leagues:
  And she respectes mee, as her only sonne:
  There, gentle *Hermia*, may I marry thee:
  And to that place, the sharpe *Athenian* law
  Can not pursue vs. If thou louest mee, then
  Steale forth thy fathers house, to morrow night:
  And in the wood, a league without the towne
  (Where I did meete thee once with *Helena*
  To do obseruance to a morne of May)
  There will I stay for thee.

Her. My good *Lysander*,
  I sweare to thee, by *Cupids* strongest bowe,
  By his best arrowe, with the golden heade,
  By the simplicitie of *Venus* doues,
  By that which knitteth soules, and prospers loues,
  And by that fire, which burnd the *Carthage* queene,
  When the false *Troian* vnder saile was seene,
  By all the vowes that euer men haue broke,
  (In number more then euer women spoke)
  In that same place thou hast appointed mee,

Schlingt ihn das Maul der Finsternis hinab:
So schnell verwandelt Klares sich in Wirrnis.
HERMIA Wenn wahrhaft Liebenden stets Unglück droht,
Steht das als ein Edikt des Schicksals fest:
So mag die Prüfung denn Geduld uns lehren,
Da sie nur das normale Unglück ist,
Der Liebe zugehörig wie Gedanken,
Wie Träume, Seufzer, Wünsche und wie Tränen.
LYSANDER Ein guter Trost: Drum hör mich, Hermia,
Ich habe eine Tante, eine Witwe
Mit großen Renten, und sie hat kein Kind:
Ihr Haus liegt außerhalb der Siebenmeilen-
Grenze von Athen, mich sieht sie an,
Als wäre ich ihr Sohn. Dort, süße Hermia,
Darf ich dich heiraten, an diesen Ort
Kann uns das Strafgesetz Athens nicht folgen.
Wenn du mich liebst, dann schleich dich aus dem Haus
Des Vaters morgen Nacht, und in dem Wald,
Rund eine Meile vor der Stadt, wo ich
Dich damals traf und Helena, als wir
Den ersten Maienmorgen feiern wollten,
Da warte ich auf dich.
HERMIA   O mein Lysander!
Ich schwöre dir, bei Amors stärkstem Bogen,
Bei seinem schnellsten Pfeil mit goldner Spitze,
Bei den Täubchen vor dem Venuswagen,
Bei dem, was sich verliebte Herzen sagen,
Und bei der Flamme, in der Dido brannte,
Als sich Aeneas' Segel seewärts wandte,
Bei all den Eiden, die ein Mann je brach,
Der Zahl nach mehr, als eine Frau je sprach,
An just dem Ort, den du mir angezeigt,

    To morrow truely will I meete with thee.
Lys. Keepe promise loue: looke, here comes *Helena*.
              Enter Helena.
Her. God speede faire *Helena*: whither away?
Hel. Call you mee faire? That faire againe vnsay.
  Demetrius loues your faire: o happy faire!
  Your eyes are loadstarres, and your tongues sweete aire
  More tunable then larke, to sheepeheards eare,
  When wheat is greene, when hauthorne buddes appeare.
  Sicknesse is catching: O, were fauour so,
  Your words I catch, faire *Hermia*, ere I goe,
  My eare should catch your voice, my eye, your eye,
  My tongue should catch your tongues sweete melody.
  Were the world mine, *Demetrius* being bated,
  The rest ile giue to be to you translated.
  O, teach mee how you looke, and with what Art,
  You sway the motion of *Demetrius* heart.
Her. I frowne vpon him; yet hee loues mee still.
Hel. O that your frowns would teach my smiles such skil.
Her. I giue him curses; yet he giues mee loue.
Hel. O that my prayers could such affection mooue.
Her. The more I hate, the more he followes mee.
Hel. The more I loue, the more he hateth mee.
Her. His folly, *Helena*, is no fault of mine.
Hel. None but your beauty; would that fault were mine.
Her. Take comfort: he no more shall see my face:
  Lysander and my selfe will fly this place.
  Before the time I did *Lisander* see,
  Seem'd *Athens* as a Paradise to mee.
  O then, what graces in my loue dooe dwell,
  That hee hath turnd a heauen vnto a hell!
Lys. *Helen*, to you our mindes wee will vnfould:

Will ich dich treffen, wenn der Tag sich neigt.
LYSANDER Halt Wort, Geliebte. Sieh da, Helena.
Helena
HERMIA Gott mit Euch, schöne Helena! Wohin?
HELENA Nennt Ihr mich schön? Schön ist, was ich nicht bin.
Euch schönt Demetrius: o frohe Schöne!
Dein Auge Leitstern ihm, der Zunge Töne
Wie süßer Lerchensang in Schäfers Ohr,
Wenn Weizen grünt, wenn Weißdorn kommt hervor.
Krankheit steckt uns an: warum nicht Gunst?
Mich steckt' ich, Schöne, an mit Eurer Kunst:
Mein Ohr fing Eure Stimme, mein Blick Euern,
Mit Eurer Zunge wollt ich süß beteuern.
Wär die Welt mein, Demetrius ausgenommen,
Ich gäb sie weg, an Euren Platz zu kommen.
Lehrt mich wie Ihr sein, und wie Ihr es macht,
Daß, sieht er Euch, Demetrius' Herz ihm lacht.
HERMIA Ich blicke kalt, er aber liebt mich doch.
HELENA O Lächeln, lerne dieses Kunststück noch!
HERMIA Ich geb ihm harte Worte, er gibt Liebe.
HELENA O, daß doch mein Gebet ihn dazu triebe!
HERMIA Je mehr ich zürne, je mehr folgt er mir.
HELENA Je mehr ich liebe, je mehr zürnt er mir.
HERMIA Schuld an seiner Narrheit bin nicht ich.
HELENA Nein, Eure Schönheit ist's; die Schuld auf mich!
HERMIA Getrost: Mein Anblick soll sich ihm entziehn;
Lysander will, und ich, von hier entfliehn.
Bis ich Lysander eines Tags gesehn,
Welch ein Paradies war mir Athen:
O dann, wie hoch sind Vorzüge zu achten,
Die einen Himmel mir zur Hölle machten!
LYSANDER Euch, Helena, sei unser Plan enthüllt:

> To morrow night, when *Phoebe* doth beholde
> Her siluer visage, in the watry glasse,
> Decking, with liquid pearle, the bladed grasse
> (A time, that louers flights doth still conceale)
> Through *Athens* gates, haue wee deuis'd to steale.

Her. And in the wood, where often you and I,
> Vpon faint Primrose beddes, were wont to lye,
> Emptying our bosomes, of their counsell sweld,
> There my *Lysander*, and my selfe shall meete,
> And thence, from *Athens*, turne away our eyes,
> To seeke new friends and strange companions.
> Farewell, sweete playfellow: pray thou for vs:
> And good lucke graunt thee thy *Demetrius*.
> Keepe word *Lysander*: we must starue our sight,
> From louers foode, till morrow deepe midnight.

Exit Hermia.

Lys. I will my *Hermia*. *Helena* adieu:
> As you on him, *Demetrius* dote on you.   *Exit* Lysander.

Hele. How happie some, ore othersome, can be!
> Through *Athens*, I am thought as faire as shee.
> But what of that? *Demetrius* thinkes not so:
> He will not knowe, what all, but hee doe know.
> And as hee erres, doting on *Hermias* eyes:
> So I, admiring of his qualities.
> Things base and vile, holding no quantitie,
> Loue can transpose to forme and dignitie.
> Loue lookes not with the eyes, but with the minde:
> And therefore is wingd *Cupid* painted blinde.
> Nor hath loues minde of any iudgement taste:
> Wings, and no eyes, figure, vnheedy haste.
> And therefore is loue said to bee a childe:
> Because, in choyce, he is so oft beguil'd.

Wenn Phoebe morgen Nacht ihr Silberbild
In Wassern spiegelt und sich in den Auen
Die Gräser perlenschimmernd übertauen,
Zur Stunde, da bedrohte Liebe flieht,
Verlassen wir athenisches Gebiet.
HERMIA Und in dem Wald, wo wir, in schönen Tagen,
Auf Blumenbetten beieinander lagen,
Die Brust von süßer Qual uns zu entbinden,
Wird mich Lysander, werde ich ihn finden.
Von da an kehren wir Athen den Rücken,
Zu fremden Menschen bauen neu wir Brücken.
Leb wohl, Gefährtin, bete für uns beide;
Und dein Demetrius sei deine Freude!
Halte Wort, Lysander: schwer entbehrt
Wird die Augenweide, die uns nährt. *Ab.*

LYSANDER Das will ich, Hermia. Adieu, Helena:
So wie Ihr ihm, sei Euch Demetrius nah! *Ab.*
HELENA Manche werden glücklich, andre nie!
Athen hält mich für grad so schön wie sie:
Was hilft mir das? Demetrius läßt mich stehn;
Was alle sehen, will nur er nicht sehn.
Und wie er irrt, wenn er auf Hermia fliegt,
Irr ich, die ihm schamrot zu Füßen liegt.
Ein niedrig Ding, gemein, nicht von Gewicht,
Die Liebe schafft ihm Status und Gesicht:
Die Liebe sieht, wo keine Augen sind;
Drum malt man den beschwingten Amor blind;
Noch wird das blind Geliebte recht erkannt:
Beflügelt blicklos weist auf Unbestand.
Und kindlich sei der Gott, so wird gesagt,
Weil er, bevor er wählt, nicht lange fragt;

    As waggish boyes, in game, themselues forsweare:
    So, the boy, Loue, is periur'd euery where.
    For, ere *Demetrius* lookt on *Hermias* eyen,
    Hee hayld downe othes, that he was onely mine.
    And when this haile some heate, from *Hermia*, felt,
    So he dissolued, and showrs of oathes did melt.
    I will goe tell him of faire *Hermias* flight:
    Then, to the wodde, will he, to morrow night,
    Pursue her: and for this intelligence,
    If I haue thankes, it is a deare expense:
    But herein meane I to enrich my paine,
    To haue his sight thither, and back againe. *Exit.*

  Enter Quince, *the Carpenter; and* Snugge, *the Ioyner; and*
    Bottom, *the Weauer; and* Flute, *the Bellowes mender; &*
      Snout, *the Tinker; and* Starueling *the Tayler.*

Quin. Is all our company heere?
Bot. You were best to call them generally, man by
  man, according to the scrippe.
Quin. Here is the scrowle of euery mans name, which is
  thought fit, through al *Athens*, to play in our Enterlude, before the Duke, & the Dutches, on his wedding day at night.

Bott. First good *Peeter Quince*, say what the Play treats on:
  then read the names of the Actors: & so grow to a point.

Quin. Mary, our Play is the most lamentable comedy,
  and most cruell death of *Pyramus* and *Thisby*.

Gleich kleinen Schelmen, die beim Spiel gern lügen,
Weiß der holde Knabe uns zu trügen:
Denn eh Demetrius fand, 's müßt Hermia sein,
Hagelte es Schwüre, er sei mein;
Und der Hagel, als er kam an Hermias Stolz,
Taute er und der Eidesschauer schmolz.
Ich gehe, Hermias Flucht ihm mitzuteilen,
Dann wird er morgen Nacht dem Wald zueilen,
Ihr nach; und wird die Nachricht mir gedankt,
Verschlimmert sich, woran ich schon erkrankt:
Doch färbt mir das, deucht mich, mein Leiden schön,
Ihn hin als auch zurück vor mir zu sehn.

2. Szene

Zwing, Schmieg, Zettel, Falz, Tülle und Kümmerling

ZWING Ist unsere Kompanie komplett?
ZETTEL Ihr fahrt am besten, wenn Ihr alle auf einmal aufruft, nach der Reihe, laut Liste.
ZWING Hier das Register der Namen jedes Mannes, welcher für fit angesehn wird, aus ganz Athen, in unserm Interludium zu spielen vor dem Herzog und der Herzogin an ihrem Hochzeitstag zur Nacht.
ZETTEL Erst, guter Peter Zwing, sagt, um was das Drama sich dreht, danach lest die Namen der Spieler vor und so kommt zum Punkt.
ZWING Ja was, unser Drama ist »Die höchst trauervolle Komödie und der höchst grausige Tod von Pyramus und Thisbe«.

Bot. A very good peece of worke, I assure you, & a merry. Now good *Peeter Quince*, call forth your Actors, by the scrowle. Masters, spreade your selues.

Quin. Answere, as I call you. *Nick Bottom*, the Weauer?
Bott. Readie: Name what part I am for, and proceede.

Quin. You, *Nick Bottom* are set downe for *Pyramus*.
Bott. What is *Pyramus*? A louer, or a tyrant?
Quin. A louer that kils himselfe, most gallant, for loue.
Bott. That will aske some teares in the true performing of it. If I doe it, let the Audience looke to their eyes: I wil mooue stormes: I will condole, in some measure. To the rest yet, my chiefe humour is for a tyrant. I could play *Ercles* rarely, or a part to teare a Cat in, to make all split the raging rocks: and shiuering shocks, shall breake the locks of prison gates, and *Phibbus* carre shall shine from farre, and make & marre the foolish Fates. This was loftie. Now, name the rest of the Players. This is *Ercles* vaine, a tyrants vaine: A louer is more condoling.

Quin. Francis Flute, the Bellowes mender?
Flu. Here *Peeter Quince*.
Quin. Flute, you must take *Thisby*, on you.
Flu. What is *Thisby*? A wandring knight?
Quin. It is the Lady, that *Pyramus* must loue.   (ming.
Fl. Nay faith: let not me play a womã: I haue a beard cõ-

ZETTEL Ein sehr gelungenes Machwerk, kann ich euch flüstern, und ein Oberspaß. Nunmehr, guter Peter Zwing, ruft Eure Spieler vor laut Register. Meisters, verbreitet euch.
ZWING Gebt Laut, wie ich euch rufe. Nick Zettel, Weber.
ZETTEL Angetreten. Benamst die Rolle für mich und macht hin.
ZWING Ihr, Nick Zettel, seid aufgeschrieben für Pyramus.
ZETTEL Was ist Pyramus? Ein Verliebter oder ein Großmotz?
ZWING Ein Verliebter, der höchst galant aus Liebe sich tötet.
ZETTEL Das wird nicht ohne Tränen abgehn, bei realer Darstellung: wenn ich dran bin, soll das Publikum seine Augen hüten: ich will Stürme loslassen, ich will bemitleidigen, daß es spritzt. Den Rest jetzt. Geboren bin ich aber zum Großmotz: Den Herkeles könnte ich spielen wie nichts, oder 'ne Rolle, wo alles plattwalzt und zerkracht.

»Felsgewitter,
Erdgezitter,
Sprengt die Gitter
Vom Kerkerzaun;
Und Rohras Karren,
Kommt angefarren
Und macht erstarren
Die Schicksalsfraun.«

Das hatte was! Jetzt benamst den Rest der Spieler. Das ist herkelesmäßig, großmotzmäßig; ein Geliebter ist mehr bemitleidigend.
ZWING Francis Falz, Balgmacher.
FALZ Hier, Peter Zwing.
ZWING Falz, du mußt dich auf Thisbe werfen.
FALZ Was ist Thisbe? Ein armer Ritter?
ZWING Thisbe ist die Lady, auf die Pyramus stehn soll.
FALZ Nee, nix da, nich mich 'ne Frau spielen lassen; mir

Quin. Thats all one: you shall play it in a Maske: and you may speake as small as you will.

Bott. And I may hide my face, let me play *Thisby* to: Ile speake in a monstrous little voice; *Thisne, Thisne,* ah *Pyramus* my louer deare, thy *Thysby* deare, & Lady deare.

Qu. No, no: you must play *Pyramus*: & *Flute,* you *Thysby.*

Bot. Well, proceede. *Qui. Robin Starueling,* the Tailer?

Star. Here *Peeter Quince.*

Quin. Robin Starueling, you must play *Thysbyes* mother: *Tom Snowte,* the Tinker?

Snowt. Here *Peter Quince.*

Quin. You, *Pyramus* father; my selfe, *Thisbies* father; *Snugge,* the Ioyner, you the Lyons part: And I hope here is a Play fitted.

Snug. Haue you the Lyons part written? Pray you, if it bee, giue it mee: for I am slowe of studie.

Quin. You may doe it, *extempore*: for it is nothing but roaring.

Bott. Let mee play the Lyon to. I will roare, that I will doe any mans heart good to heare mee. I will roare, that I will make the Duke say; Let him roare againe: let him roare againe.

Quin. And you should do it too terribly, you would fright the Dutchesse, and the Ladies, that they would shrike: and that were inough to hang vs all.

All. That would hang vs, euery mothers sonne.

kommt schon 'n Bart.

ZWING Das ist schnurz: du spielst mit Maske und darfst so schrill sprechen wie du willst.

ZETTEL Kann ich mein Gesicht wegstecken, laßt mich Thisbe auch spielen, ich red euch mit 'ner monströsen Piepsstimme. Erst so »Thisne, Thisne«, dann so »Ach, Pyramus, mein Liebster lieb! Dein Thisbe lieb und Lady lieb!«

ZWING Nein, nein, Ihr müßt Pyramus spielen, und Falz, du Thisbe.

ZETTEL Na schön, macht hin.

ZWING Robin Kümmerling, Schneider.

KÜMMERLING Ich, Peter Zwing.

ZWING Robin Kümmerling, Ihr müßt Thisbes Mutter spielen. Tom Tülle, der Kesselschmied.

TÜLLE Hier, Peter Zwing.

ZWING Ihr Pyramussens Vater; ich selber Thisbes Vater. Schreiner Schmieg, Ihr die Löwenrolle: und damit, hoff ich, ist das Stück unter Dach und Fach.

SCHMIEG Hat die Löwenrolle viel Text? Falls ja, dann bitte, rückt ihn raus, wo ich son schlechter Lerner bin.

ZWING Ihr könnt extemporieren, 's ist nix wie Brüllen.

ZETTEL Laßt mich den Löwen auch noch spielen: ich werde brüllen, daß es das Herz erfrischt, mich zu hörn, ich werde brüllen, daß der Herzog nicht anders kann als wie sprechen »Er möge noch einmal brüllen, er möge noch einmal brüllen.«

ZWING Treibt Ihr es zu wild, schreckt Ihr die Herzogin und die Ladies, daß sie quieken; und das reicht, uns an den Galgen zu bringen, allesamt.

ALLE An den Galgen, alle miteinander.

Bot. I grant you, friends, if you should fright the Ladies out of their wits, they would haue no more discretion, but to hang vs: but I will aggrauate my voice so, that I wil roare you as gently, as any sucking doue: I will roare you, and 'twere any Nightingale.

Quin. You can play no part but *Piramus*: for *Piramus* is a sweete fac't man; a proper man as one shall see in a sommers day; a most louely gentlemanlike man: therefore you must needes play *Piramus*.

Bot. Well: I will vndertake it. What beard were I best to play it in?
Quin. Why? what you will.
Bot. I wil discharge it, in either your straw colour beard, your Orange tawnie bearde, your purple in graine beard, or your french crowne colour beard, your perfit yellow.

Quin. Some of your french crownes haue no haire at all; and then you will play bare fac't. But maisters here are your parts, and I am to intreat you, request you, and desire you, to con them by to morrow night: and meete me in the palace wood, a mile without the towne, by Moonelight; there will wee rehearse: for if wee meete in the city, wee shal be dogd with company, and our deuises known. In the meane time, I will draw a bill of properties, such as our play wants. I pray you faile me not.

Bot. Wee will meete, & there we may rehearse most obscenely and coragiously. Take paines, bee perfit: adieu.

ZETTEL Das garantier ich euch, Leute, bringt ihr Ladies von Stand um den Verstand, so sind sie im Stand und lassen uns hängen: aber ich mache meine Stimme so fertig, daß ich euch brülle wie ein nuckelndes Täubchen, wie ein schnäbelndes Lämmchen; ich brülle euch, als wärs 'ne Nachtigall.

ZWING Pyramus, 'ne andere Rolle könnt Ihr nicht spielen; Pyramus ist nämlich ein hübscher Mann, ein properer Mann, ein Mann wie ein Sommertag; ein äußerst gediegener, gentlemanmäßiger Mann: Pyramus müßt darum Ihr spielen und sonst keiner.

ZETTEL Nun gut, ich opfre mich. Am besten spiel ich das mit was für'm Bart?

ZWING Na, mit was für einem Ihr wollt.

ZETTEL Ich chargier ihn euch entweder mit Eurem flachsfarbigen Bart, Eurem rötlichbraun getönten Bart, Eurem purpurgetränkten Bart oder Eurem Franzmann-Kronenbart, dem perfekt goldgelben.

ZWING Manch ein franzmannmäßig Gekrönter hat euch gar kein Haar mehr und dann spielst du ihn glatzbäckig. Aber, Meisters, hier sind Eure Rollen: und es ist an mir, Euch zu ersuchen, Euch anzuliegen und Euch abzuverlangen, daß Ihr sie Euch bis morgen abend einhämmert. Und trefft mich im Palastwald, eine Meile vor der Stadt, wenn der Mond rauskommt: Da wollen wir probieren. Denn treffen wir uns in der City, belagern sie uns und kommen uns auf den Dreh. Zwischendurch lege ich eine Inventur der Dinge an, die unser Stück so braucht. Laßt mich bitte, bitte nicht im Stich.

ZETTEL Wir sind da. Und da draußen können wir ganz obszenisch und enthemmt proberieren. Haut euch rein; seid perfekt: Adieu.

Quin. At the Dukes oke wee meete.
Bot. Enough: holde, or cut bowstrings. *Exeunt.*

Enter a Fairie *at one doore, and* Robin goodfellow *at another.*

Robin. How now spirit, whither wander you?
Fa. Ouer hill, ouer dale, thorough bush, thorough brier,
Ouer parke, ouer pale, thorough flood, thorough fire:
I do wander euery where; swifter than the Moons sphere:
And I serue the Fairy Queene, to dew her orbs vpon the
The cowslippes tall her Pensioners bee,   (greene.
In their gold coats, spottes you see:
Those be Rubies, Fairie fauours:
In those freckles, liue their sauours.
I must goe seeke some dew droppes here,
And hang a pearle in euery couslippes eare.

Farewell thou Lobbe of spirits: Ile be gon.
Our Queene, and all her Elues come here anon.
Rob. The king doth keepe his Reuels here to night.
Take heede the Queene come not within his sight.
For *Oberon* is passing fell and wrath:

Zwing Beim Herzog seiner Eiche, da treffen wir uns.
Zettel Alles klar; wer ›A‹ sagt, muß auch ›Then‹ sagen.

II. AKT
1. Szene

Elfe, Puck

Puck Hallo Geistlein! Wohin wanderst du?
Elfe Über Gipfel, über Schlünde,
  Durch Gebüsch und Dornenstrauch,
  Über Wall und Wiesengründe,
  Fluten durch und Flammen auch,
  Wandere ich kreuz und quere,
  Wie nicht der Mond an seiner Sphäre;
  Im Dienst der Elfenkönigin
  Tau ich ins Grün ihr Kreise hin.
  Aus Primeln sich die Garde reckt,
  Sieh, ihr Goldwams ist gefleckt,
  Rubine sinds, von Feen gebracht:
  Die sind es, was sie duften macht.
  Perlen Taus muß ich nun pflücken,
  Der Primeln Ohr damit zu schmücken.
 Leb wohl, Landgeist. Schon bin ich fort:
 Die Königin naht sich dem Ort.
Puck Die Nacht schwärmt hier der König; kommt nur nicht
  Mit eurer Königin ihm zu Gesicht,
  Denn Oberon, er grollt ihr fürchterlich,

>   Because that she, as her attendant, hath
>   A louely boy stollen, from an Indian king:
>   She neuer had so sweete a changeling.
>   And iealous *Oberon* would haue the childe,
>   Knight of his traine, to trace the forrests wilde.
>   But shee, perforce, withhoulds the loued boy,
>   Crownes him with flowers, and makes him all her ioy.
>   And now, they neuer meete in groue, or greene,
>   By fountaine cleare, or spangled starlight sheene,
>   But they doe square, that all their Elues, for feare,
>   Creepe into acorne cups, and hide them there.
> *Fa.* Either I mistake your shape, and making, quite,
>   Or els you are that shrewde and knauish sprite,
>   Call'd *Robin goodfellow.* Are not you hee,
>   That frights the maidens of the Villageree,
>   Skim milke, and sometimes labour in the querne,
>   And bootlesse make the breathlesse huswife cherne,
>   And sometime make the drinke to beare no barme,
>   Misselead nightwanderers, laughing at their harme?
>   Those, that Hobgoblin call you, and sweete Puck,
>   You doe their worke, and they shall haue good luck.
>   Are not you hee?
> *Rob.* Thou speakest aright; I am that merry wanderer of
>   I ieast to *Oberon*, and make him smile,   (the night.
>   When I a fat and beane-fed horse beguile;
>   Neyghing, in likenesse of a filly fole,
>   And sometime lurke I in a gossippes bole,
>   In very likenesse of a rosted crabbe,
>   And when she drinkes, against her lips I bob,
>   And on her withered dewlop, poure the ale.
>
>   The wisest Aunt, telling the saddest tale,

Behält sie doch das Wechselkind für sich,
Den Königssohn, aus Indien entführt;
Kein süßrer Balg hat je ihr Herz gerührt,
Und mein Herr, eifersüchtig, will den Knaben
Für seinen Zug durch wilde Wälder haben;
Doch sie verweigert die begehrte Beute,
Kränzt ihn mit Blüten, nennt ihn ihre Freude:
Weshalb man nicht in Wäldern, nicht in Wiesen,
Bei Mondschein nicht, und nicht, wo Bächlein fließen,
Mehr tut als zanken und die Elfen schrecken,
Daß sie in Eichelhütchen sich verstecken.

ELFE Täuscht mich an dir Gestalt und Umriß nicht,
Dann bist du jener tückisch schlaue Wicht,
Der Robin Gutfreund heißt: der, gib es zu,
Im Dorf die Mädchen ängstigt, das bist du,
Schöpfst Rahm ab, sorgst beim Mahlen für Verdruß,
Machst, daß die Hausfrau lahm sich buttern muß,
Machst, daß auf dem Bier der Schaum nicht steht,
Lachst, wenn der Wandrer in die Irre geht:
Nennt wer dich Elfenheld und lieber Puck,
Hilfst du ihm aus, und alles geht ruckzuck:
Bist du das nicht?

PUCK   Du hast es gut getroffen;
So hab ich spaßig manche Nacht durchloffen.
Oberons Narr bin ich und mach ihn lachen,
Glückt mir's, ein rossig Wiehern nachzumachen,
Und damit einen feisten Hengst zu locken;
Ich kann im warmen Bier der Vettel hocken,
Als Bratapfel, und will sie trinken, dann
Falle ich ihr böses Klatschmaul an,
Und über'n Runzelhals rinnt's in den Kragen.
Die weise Muhme mit den ernsten Sagen

>   Sometime, for three foote stoole, mistaketh mee:
>   Then slippe I from her bumme, downe topples she,
>   And tailour cryes, and falles into a coffe;
>   And then the whole Quire hould their hippes, and loffe,
>   And waxen in their myrth, and neeze, and sweare
>   A merrier hower was neuer wasted there.
>   But roome Faery: here comes *Oberon*.
> *Fa.* And here, my mistresse. Would that he were gon.
>   *Enter the King of Fairies, at one doore, with his traine;*
>   *and the Queene, at another, with hers.*
> *Ob.* Ill met by moonelight, proud *Tytania*.
> *Qu.* What, Iealous *Oberon*? Fairy skippe hence.
>   I haue forsworne his bedde, and company.
> *Ob.* Tarry, rash wanton. Am not I thy Lord?
> *Qu.* Then I must be thy Lady: but I know
>   When thou hast stollen away from Fairy land,
>   And in the shape of *Corin*, sat all day,
>   Playing on pipes of corne, and versing loue,
>   To amorous *Phillida*. Why art thou here
>   Come from the farthest steppe of *India*?
>   But that, forsooth, the bounsing *Amason*,
>   Your buskind mistresse, and your warriour loue,
>   To *Theseus* must be wedded; and you come,
>   To giue their bedde, ioy and prosperitie.
> *Ob.* How canst thou thus, for shame, *Tytania*,
>   Glaunce at my credit, with *Hippolita*?
>   Knowing, I know thy loue to *Theseus*.
>   Didst not thou lead him through the glimmering night,
>   From *Perigenia*, whom he rauished?
>   And make him, with faire Eagles, breake his faith
>   With *Ariadne*, and *Antiopa*?
> *Quee.* These are the forgeries of iealousie:

Mißnahm schon oft als Dreibeinschemel mich,
Ich schlüpfe weg, und auf den Arsch setzt sich
Die Gute, schreit ›Gevatter!‹ und muß husten,
Alles um sie her fängt an zu prusten,
Hält sich die Seiten, lacht und niest und schwört,
Das sei ein Spaß, wie man ihn nie gehört.
Platz, Elfchen! Oberon kommt dort.
ELFE Dort meine Herrin. Wäre er nur fort!
    Oberon mit Gefolge, Titania mit dem ihren

OBERON Nicht gut, der Mondschein-Treff, Titania, Stolze.
TITANIA Der eifersücht'ge Oberon? – Weg, Elfen,
Ich schwur sein Bett und seinen Umgang ab.
OBERON Du bleibst, Verbuhlte, bin ich nicht dein Herr?
TITANIA Da müßt ich deine Frau sein: doch ich weiß noch,
Wie oft du aus dem Feenreich dich stahlst,
Und, Schäfer Corin spielend, tagelang
Die Haferpfeife bliesest und die Liebe
Zur lieben Phillida in Verse setztest.
Was kämst jetzt du von Indiens Vorgebirgen,
Wenn nicht, weil deine stramme Amazone,
Dein Stiefelliebchen, deine Kriegerbraut,
Sich, denk an, dem Theseus geben muß?
Und du kommst, ihr ein Freudenbett zu gründen.
OBERON Wie kannst so schändlich du, Titania,
Die Achtung vor Hippolyta mir schmähen,
Die du doch weißt, daß ich weiß, du liebst Theseus?
Warst es nicht du, die ihn im Glanz der Nacht
Perigune wegnahm, seiner Beute?
Und ihn der schönen Aegle untreu machte,
Und Ariadne und Antiope?
TITANIA Das sind die Fälschungen der Eifersucht,

And neuer, since the middle Sommers spring,
Met we on hill, in dale, forrest, or meade,
By paued fountaine, or by rushie brooke,
Or in the beached margent of the Sea,
To daunce our ringlets to the whistling winde,
But with thy brawles thou hast disturbd our sport.
Therefore the windes, pyping to vs in vaine,
As in reuenge, haue suckt vp, from the Sea,
Contagious fogges: which, falling in the land,
Hath euery pelting riuer made so proude,
That they haue ouerborne their Continents.
The Oxe hath therefore stretcht his yoake in vaine,
The Ploughman lost his sweat, and the greene corne
Hath rotted, ere his youth attainde a bearde:
The fold stands empty, in the drowned field,
And crowes are fatted with the murrion flocke.
The nine mens Morris is fild vp with mudde:
And the queint Mazes, in the wanton greene,
For lacke of tread, are vndistinguishable.
The humane mortals want their winter heere.
No night is now with hymne or carroll blest.
Therefore the Moone (the gouernesse of floods)
Pale in her anger, washes all the aire;
That Rheumaticke diseases doe abound.
And, thorough this distemperature, wee see
The seasons alter: hoary headed frosts
Fall in the fresh lappe of the Crymson rose,
And on old *Hyems* chinne and Icy crowne,
An odorous Chaplet of sweete Sommer buddes
Is, as in mockery, set. The Spring, the Sommer,
The childing Autumne, angry Winter change
Their wonted Liueries: and the mazed worlde,

Und nie, seit Sommers Mitte anbrach, trafen
Auf Hügeln wir, in Tälern, Wäldern, Wiesen,
An Kieselbächen, schilfgesäumten Strömen,
Oder an des Meeres Küsten uns,
Um Reihen zur Musik des Winds zu tanzen,
Ohne daß dein Knurrn den Spaß verdarb.
Drum hat der Wind, der uns vergebens pfiff,
Als sucht' er Rache, aus der See herauf
Nebel, giftige, gesogen, die,
Als an Land sie stiegen, jedes Flüßchen
Mit Stolz so schwellten, daß es seine Ufer
Übertrat: umsonst stemmt drum der Ochse
Sich ins Geschirr, vergießt der Pflüger Schweiß;
Das grüne Korn verfault, eh seiner Jugend
Der erste Bart gesprossen ist; die Gatter
Ragen leer aus überschwemmten Feldern,
Und die ertrunkne Herde mästet Krähen;
Schlamm begräbt den Tanzplatz der neun Männer,
Irrgärten, einst aus üpp'gem Grün geschnitten,
Sind, unbegangen, nicht mehr auszumachen.
Die Sterblichen vermissen Winterfreuden,
Kein Lied, kein Singsang segnet mehr die Nacht:
Und Luna tränkt, die Herrin alles Feuchten,
Bleich vor Zorn die Luft, bis alle Nasen
Ihnen laufen und die Augen tränen:
Und dieser Wetterumsturz, sehn wir, ändert
Die Jahreszeiten: grau behaarte Fröste
Fall'n in den Schoß der zart erblühten Rose;
Und auf des Winters eisig dünne Krone
Wird wie zum Hohn, von Sommerblüten duftend,
Ein Kranz gedrückt: der Frühling tauscht, der Sommer,
Der kinderreiche Herbst, der grimme Winter

By their increase, now knowes not which is which:
And this same progeny of euils,
Comes from our debate, from our dissention:
We are their Parents and originall.

Oberon. Doe you amend it then: it lyes in you.
Why should *Titania* crosse her *Oberon*?
I doe but begge a little Changeling boy,
To be my Henchman.
Queene. Set your heart at rest.
The Faiery Land buies not the childe of mee,
His mother was a Votresse of my order:
And in the spiced *Indian* ayer, by night,
Full often hath she gossipt, by my side,
And sat, with me on *Neptunes* yellow sands
Marking th'embarked traders on the flood:
When we haue laught to see the sailes conceaue,
And grow bigge bellied, with the wanton winde:
Which she, with prettie, and with swimming gate,
Following (her wombe then rich with my young squire)
Would imitate, and saile vpon the land,
To fetch me trifles, and returne againe,
As from a voyage, rich with marchandise.
But she, being mortall, of that boy did dye,
And, for her sake, doe I reare vp her boy:
And, for her sake, I will not part with him.
Ob. How long, within this wood, entend you stay?
Quee. Perchaunce, till after *Theseus* wedding day.
If you will patiently daunce in our Round,
And see our Moonelight Reuelles, goe with vs:
If not, shunne me, and I will spare your haunts.
Ob. Giue mee that boy, and I will goe with thee.

>   Die Livree; und die verwirrte Welt
>   Sieht ihnen, wer sie sind, nicht länger an:
>   Und gezeugt hat dies Geschlecht von Übeln
>   Nur unser Streit, nur unsere Entzweiung;
>   Wir sind die Eltern und Verursacher.
> OBERON Dann ändre du es ab; es liegt bei dir:
>   Was wehrt Titania ihrem Oberon?
>   Ich bitte nur den kleinen Wechseljungen
>   Mir als Gefolgsmann aus.
> TITANIA   Da sei ganz ruhig:
>   Für das Kind zahlt das Elfenreich mir nicht.
>   Geweiht war seine Mutter meinem Orden,
>   Und in gewürzter Luft der Nächte Indiens
>   Erzählte sie vertraulich mir ihr Leben,
>   Und saß mit mir an Neptuns gelben Stränden,
>   Die Kauffahrer betrachtend auf den Wellen;
>   Wir lachten, wenn wir sahen, wie die Segel
>   Die Lust des Winds empfingen und sich blähten,
>   Was sie, mit einem Schritt, als kreuzte selbst sie
>   Auf der Flut, geschwellt mit meinem Junker,
>   Anmutig nachtat, auf dem Trocknen segelnd,
>   Naschwerk mir zu holen und zurückkam,
>   Als wär's von einer Reise, reich an Waren.
>   Doch sie, die sterblich war, starb an dem Kind;
>   Um ihretwillen ziehe ich es groß,
>   Um ihretwillen lasse ich's nicht gehn.
> OBERON Wie lang gedenkt Ihr hier im Wald zu bleiben?
> TITANIA Mag sein, bis hinter Theseus' Hochzeitstag.
>   Wollt Ihr in unsern Reigen friedlich treten,
>   Und unser Mondgebaren sehen, kommt mit uns;
>   Wo nicht, schont mich, und ich meid Euern Spuk.
> OBERON Gib mir den Knaben, und ich geh mit dir.

Quee. Not for thy Fairy kingdome. Fairies away.
We shall chide downeright, if I longer stay. *Exeunt.*

Ob. Well: goe thy way. Thou shalt not from this groue,
Till I torment thee, for this iniury.
My gentle *Pucke* come hither: thou remembrest,
Since once I sat vpon a promontory,
And heard a Mearemaide, on a Dolphins backe,
Vttering such dulcet and hermonious breath,
That the rude sea grewe ciuill at her song,
And certaine starres shot madly from their Spheares,
To heare the Sea-maids musicke.
Puck. I remember.
Ob. That very time, I saw (but thou could'st not)
Flying betweene the colde Moone and the earth,
Cupid, all arm'd: a certaine aime he tooke
At a faire Vestall, throned by west,
And loos'd his loue-shaft smartly, from his bowe,
As it should pearce a hundred thousand hearts:
But, I might see young *Cupids* fiery shaft
Quencht in the chast beames of the watry Moone:
And the imperiall Votresse passed on,
In maiden meditation, fancy free.
Yet markt I, where the bolt of *Cupid* fell.
It fell vpon a little westerne flower;
Before, milke white; now purple, with loues wound,
And maidens call it, Loue in idlenesse.
Fetch mee that flowre: the herbe I shewed thee once.
The iewce of it, on sleeping eyeliddes laide,
Will make or man or woman madly dote,
Vpon the next liue creature that it sees.
Fetch mee this herbe, and be thou here againe

TITANIA Nicht für dein Geisterreich. Ihr Elfen, auf!
Der Streit nimmt, bleib ich, den gewohnten Lauf.
Titania mit ihrem Zug ab.
OBERON Na schön, zieh ab: du sollst aus dem Gehölz nicht,
Bis ich mich für die Frechheit rächen konnte.
Komm zu mir, Puck, mein Bester. Ich saß einmal,
Erinnerst du's, auf einer Felsenklippe,
Und eine Meerfrau hört ich, die ein Tümmler
Auf seinem Rücken trug, so herrlich singen,
Daß ihr Lied die rauhe See bezähmte,
Und manch ein Stern schoß toll aus seiner Sphäre,
Der Musik der Meerfrau wegen.
PUCK   Weiß noch.
OBERON Just da erblickte ich, dir war's nicht möglich,
Zwischen kaltem Mond und Erdkreis flatternd,
Cupido ganz in Waffen: westlich zielte
Er auf eine schöne Priesterin
Der Hestia, die da thronte, und er schnellte
Den Liebesbolzen so gekonnt vom Bogen,
Als sollt' der sich in tausend Herzen bohren:
Nur sah ich dann Cupidos Feuerpfeil
Im klammen Strahl des feuchten Monds erkalten,
Und die der Himmelsherrscherin Geweihte
Verblieb in keuscher Einkehr, liebefrei.
Doch ich nahm wahr, wohin Cupidos Pfeil fiel:
Er fiel im Westen auf ein kleines Blümchen,
Zuvor milchweiß, nun liebeswund errötend,
Und Mädchen nennen sie »Lieb-ohne-Nutz«.
Die Blume hol; einst zeigte ich das Kraut dir:
Sein Saft, kommt er im Schlaf aufs Augenlid,
Macht sowohl Mann dir als auch Frau versessen
Auf's erste Wesen, das sie sehn, wenn sie

Ere the *Leuiathan* can swimme a league.

Pu. Ile put a girdle, round about the earth, in forty minutes.

Oberon. Hauing once this iuice,
　Ile watch *Titania*, when she is a sleepe,
　And droppe the liquor of it, in her eyes:
　The next thing then she, waking, lookes vpon
　(Be it on Lyon, Beare, or Wolfe, or Bull,
　On medling Monky, or on busie Ape)
　She shall pursue it, with the soule of Loue.
　And ere I take this charme, from of her sight
　(As I can take it with another herbe)
　Ile make her render vp her Page, to mee.
　But, who comes here? I am inuisible,
　And I will ouerheare their conference.
　　　　Enter Demetrius, Helena *following him.*
Deme. I loue thee not: therefore pursue me not,
　Where is *Lysander*, and faire *Hermia*?
　The one Ile stay: the other stayeth me.
　Thou toldst me, they were stolne vnto this wood:
　And here am I, and wodde, within this wood:
　Because I cannot meete my *Hermia*.
　Hence, get the gone, and follow mee no more.
Hel. You draw mee, you hard hearted Adamant:
　But yet you draw not Iron. For my heart
　Is true as steele. Leaue you your power to draw,
　And I shall haue no power to follow you.
Deme. Doe I entise you? Doe I speake you faire?
　Or rather doe I not in plainest truthe,
　Tell you I doe not, not I cannot loue you?
Hele. And euen, for that, do I loue you, the more:

>   Erwachen: das Kraut hol mir, und zurück sei,
>   Eh der Leviathan 'ne Meile schwimmt.
> PUCK Ich spanne eine Schnur Euch um den Globus
>   In vierzig Menschminuten. *Ab.*
> OBERON   Mit dem Saft
>   Bin ich zur Stelle, wenn Titania schläft,
>   Und tropfe die Essenz ihr auf die Lider.
>   Das erste Ding, das sie erwachend anblickt:
>   Ob Wolf, ob Bär, ob Löwe oder Stier,
>   Verspieltes Äffchen oder Riesenaffe,
>   Ihm soll sie aus verliebtem Herzen folgen:
>   Und mit dem Bann beleg ich ihren Blick,
>   (Mit einem andern Kraut kann ich ihn lösen)
>   Bis sie mir ihren Pagen überläßt.
>   Wer naht sich hier? Ich bin nun unsichtbar
>   Und werde ihre Konferenz behorchen.
>   *Demetrius, Helena*
> DEMETRIUS Dich liebe ich nicht, lauf mir drum nicht nach.
>   Wo sind Lysander und die schöne Hermia?
>   Ihn will ich meiden, nur: sie meidet mich.
>   Sie seien in den Wald entlaufen, sagst du,
>   Hier bin ich, und ich tu dem Wald Gewalt an,
>   Wenn ich meine Hermia nicht finde.
>   Hinweg, kehr um, und folge mir nicht länger.
> HELENA Ihr zieht mich an, hartherziger Magnet;
>   Und doch zieht Ihr kein Eisen, denn mein Herz
>   Weiß nichts von Rost: laßt Eure Ziehkraft sein,
>   So hab ich keine Kraft mehr, Euch zu folgen.
> DEMETRIUS Bin ich freundlich? Bin ich zugänglich?
>   Bin ich nicht ehrlich und sag offen, daß ich
>   Nicht in Euch verliebt bin noch sein kann?
> HELENA Und dafür bin ich Euch nur noch verliebter.

I am your Spaniell: and, *Demetrius*,
The more you beat mee, I will fawne on you.
Vse me but as your Spaniell: spurne me, strike mee,
Neglect mee, loose me: onely giue me leaue
(Vnworthie as I am) to follow you.
What worser place can I begge, in your loue
(And yet, a place of high respect with mee)
Then to be vsed as you vse your dogge.

Deme. Tempt not, too much, the hatred of my spirit.
For I am sick, when I do looke on thee.

Hele. And I am sick, when I looke not on you.

Deme. You doe impeach your modestie too much,
To leaue the citie, and commit your selfe,
Into the hands of one that loues you not,
To trust the opportunitie of night,
And the ill counsell of a desert place,
With the rich worth of your virginitie.

Hel. Your vertue is my priuiledge: For that
It is not night, when I doe see your face.
Therefore, I thinke, I am not in the night,
Nor doth this wood lacke worlds of company.
For you, in my respect, are all the world.
Then, how can it be saide, I am alone,
When all the world is here, to looke on mee?

Deme. Ile runne from thee, and hide me in the brakes,
And leaue thee to the mercy of wilde beastes.

Hel. The wildest hath not such a heart as you.
Runne when you will: The story shall be chaung'd:
Apollo flies and *Daphne* holds the chase:
The Doue pursues the Griffon: the milde Hinde
Makes speede to catch the Tigre. Bootelesse speede,
When cowardise pursues, and valour flies.

Ich bin Eu'r Wachtelhund, Demetrius,
Je mehr Ihr mich bestraft, umspring ich Euch:
Nehmt mich als Wachtelhund, gebt Tritte, schlagt,
Überseht mich, ja, vergeßt mich, nur erlaubt,
Daß ich, unwürdig wie ich bin, Euch nachlauf.
Ist weiter unten noch ein Platz in Eurer Liebe –
Gleichwohl ein Platz von hohen Gnaden mir –
Als das zu sein, was Euer Hund Euch ist?
DEMETRIUS Versuche meinen Abscheu nicht zu sehr;
Denn mir wird übel, muß ich dich erblicken.
HELENA Und übel mir, darf ich nicht Euch erblicken.
DEMETRIUS Ihr tretet Eure Scham zu sehr mit Füßen,
Flieht Ihr die Stadt und überliefert Euch
Den Händen eines, der für Euch nichts fühlt,
Vertraut ihm bei Gelegenheit der Nacht
Auf faulen Rat der abgeschiednen Stätte
Den überreichen Schatz der Jungfrau an.
HELENA Euer Anstand ist mein Schutzbrief: demnach
Herrscht Nacht nicht, wo ich Euer Antlitz sehe:
Drum glaube ich mich auch in keiner Nacht,
Noch will der Wald hier Welten zur Begleitung,
Seid Ihr doch alle Welt für mich; wie also
Kann einer sagen, ich sei preisgegeben,
Da alle Welt hier ist, nach mir zu sehn?
DEMETRIUS Ich renn dir weg, verberge mich im Dickicht,
Und lasse dich der Gnade wilder Bestien.
HELENA Die wildeste hat nicht ein Herz wie Ihr.
Rennt, wenn Ihr wollt; die Fabel wird geändert:
Apollo flieht, und Daphne setzt ihm nach;
Die Taube hetzt den Greif, die sanfte Hirschkuh
Wirft auf den Tiger sich – nutzlose Schnelle,
Wenn Zagheit nachsetzt und der Mut entflieht!

Demet. I will not stay thy questions. Let me goe:
  Or if thou followe mee, do not beleeue,
  But I shall doe thee mischiefe, in the wood.
Hel. I, in the Temple, in the towne, the fielde,
  You doe me mischiefe. Fy *Demetrius*.
  Your wrongs doe set a scandall on my sex:
  We cannot fight for loue, as men may doe:
  We should be woo'd, and were not made to wooe.

  Ile follow thee and make a heauen of hell,
  To dy vpon the hand I loue so well.
Ob. Fare thee well Nymph. Ere he do leaue this groue,
  Thou shalt fly him, and he shall seeke thy loue.

  Hast thou the flower there? Welcome wanderer.
        Enter Pucke.
Puck. I, there it is.
Ob. I pray thee giue it mee.
  I know a banke where the wilde time blowes,
  Where Oxlips, and the nodding Violet growes,
  Quite ouercanopi'd with lushious woodbine,
  With sweete muske roses, and with Eglantine:
  There sleepes *Tytania*, sometime of the night,
  Luld in these flowers, with daunces and delight:
  And there the snake throwes her enammeld skinne,
  Weed wide enough to wrappe a Fairy in.
  And, with the iuyce of this, Ile streake her eyes,
  And make her full of hatefull phantasies.
  Take thou some of it, and seeke through this groue:
  A sweete *Athenian* Lady is in loue,
  With a disdainefull youth: annoint his eyes.
  But doe it, when the next thing he espies,

DEMETRIUS Ich will mich dir nicht stellen: laß mich gehn,
Sonst, folgst du mir weiter, glaube nur nicht,
Ich würd im Wald mich nicht an dir vergreifen.
HELENA Ja was, im Tempel, auf dem Platz, im Park
Vergreift Ihr Euch an mir. Pfui, Euer Mißtun
Demetrius, erniedrigt mein Geschlecht.
Liebe sich erstreiten kann der Mann,
Uns wirbt man, treibt nicht uns zum Werben an.
Demetrius ab.
Ich folge dir. Zum Himmel wird die Not,
Gibt die Hand, die ich liebe, mir den Tod. *Ab.*
OBERON Nymphe, leb wohl. Er soll den Wald verfluchen,
Fliehst du erst ihn, und er muß Liebe suchen.
Puck
Bringst du die Blume mit? Willkommen, Wandrer.

PUCK Da ist sie, ja.
OBERON   Ich bitt dich, gib sie mir.
Ich weiß ein Bett, wo wilder Thymian wächst,
Wo du auf Veilchen dich und Himmelsschlüssel streckst,
Gänzlich von schwerem Weinlaub überhangen,
Von Moschusrosen duftig süß umfangen.
Da schläft Titania für den Rest der Nacht,
Wenn Tanz und Spiele müde sie gemacht;
Da schlüpft die Schlange aus der bunten Haut,
Ein Kleid, für das ein Elf so recht gebaut;
Und mittels dieses Safts auf ihren Lidern
Erfüll ich sie mit Träumen, die uns widern.
Nimm davon mit und pirsche dich durchs Holz:
Ein hochmütiger Jüngling verschmäht stolz
Die Liebe einer Schönen aus Athen.
Salb ihm die Lider; nur als erstes sehn

      May be the Ladie. Thou shalt know the man,
      By the *Athenian* garments he hath on.
      Effect it with some care; that he may prooue
      More fond on her, then she vpon her loue:
      And looke thou meete me ere the first Cocke crowe.
Pu. Feare not my Lord: your seruant shall do so.   *Exeunt.*

      Enter Tytania *Queene of Fairies, with her traine.*

Quee. Come, now a Roundell, and a Fairy song:
   Then, for the third part of a minute hence,
   Some to kill cankers in the musk rose buds,
   Some warre with Reremise, for their lethren wings,
   To make my small Elues coates, and some keepe backe
   The clamorous Owle, that nightly hootes and wonders
   At our queint spirits: Sing me now a sleepe:
   Then to your offices, and let mee rest.
               Fairies sing.
   You spotted Snakes, with double tongue,
   Thorny Hedgehogges be not seene,
   Newts and blindewormes do no wrong,
   Come not neere our Fairy Queene.
   Philomele, with melody,
   Sing in our sweete Lullaby,
   Lulla, lulla, lullaby, lulla, lulla, lullaby,
   Neuer harme, nor spell, nor charme,
   Come our louely lady nigh.
   So good night, with lullaby.

Muß er das Mädchen. Du erkennst den Mann,
Er hat, was Mode in Athen ist, an.
Tus mit Bedacht: ihm sei gezeigt,
Wie sein Verliebtsein ihres übersteigt.
Vorm ersten Hahnenschrei gib mir Bericht.
PUCK Stets Euer Diener, Mylord. Fürchtet nicht.
Beide ab.

2. Szene

Titania mit ihrem Zug

TITANIA Kommt, einen Rundtanz und ein Elfensang,
Sodann für'n Drittel 'ner Minute ab,
Ihr, Raupen in den Moschusrosen töten,
Ihr, im Krieg mit Fledermäusen Flügel
Für eure Elfenmäntel zu erbeuten;
Und ihr scheucht Eulen, die euch kleine Geistlein
Nachtnächtlich schreiend jagen. Singt mich ein;
Dann an die Arbeit, und mich laßt ihr ruhn.

ERSTER ELF Tüpfelschlangen, Gabelzungen,
    Stacheligel, hockt nicht da;
    Lurch und Schleiche, giftdurchdrungen,
    Kommt der Königin nicht nah.
CHOR   Nachtigall, mit Melodein
    Fall in unser Schlaflied ein;
    Schlafe, schlafe, schlafe ein.
    Nimmer möge je ein Fluch
    Noch ein Bann, noch Zauberspruch
    Nah bei unsrer Herrin sein;
    Und so gut Nacht und schlafe ein.

1. *Fai.* Weauing Spiders come not heere:
   Hence you long legd Spinners, hence:
   Beetles blacke approach not neere:
   Worme nor snaile doe no offence.
   Philomele with melody, &c.

2. *Fai.* Hence away: now all is well:
   One aloofe, stand Centinell.
       Enter Oberon.
Ob. What thou seest, when thou doest wake,
Doe it for thy true loue take:
Loue and languish for his sake.
Be it Ounce, or Catte, or Beare,
Pard, or Boare with bristled haire,
In thy eye that shall appeare,
When thou wak'st, it is thy deare:
Wake, when some vile thing is neere.
    Enter Lysander: *and* Hermia.
Lys. Faire loue, you fainte, with wandring in the wood:
And to speake troth I haue forgot our way.
Weele rest vs Hermia, if you thinke it good,
And tarry for the comfort of the day.
Her. Bet it so *Lysander*: finde you out a bedde:
For I, vpon this banke, will rest my head.
Lys. One turfe shall serue, as pillow, for vs both,
One heart, one bedde, two bosomes, and one troth.

ERSTER ELF Netzeweber, kriecht davon;
    Weg, du Spinnenlangbein, weg!
    Schwarze Käfer, nicht ein Ton;
    Wurm und Schnecke, keinen Schreck.
CHOR Nachtigall, mit Melodein
    Fall in unser Schlaflied ein;
    Schlafe, schlafe, schlafe ein.
    Nimmer möge je ein Fluch
    Noch ein Bann, noch Zauberspruch
    Nah bei unsrer Herrin sein;
    Und so gut Nacht und schlafe ein.
        Titania schläft.
ZWEITER ELF Auf nun! Jetzt ist alles gut;
    Einer hat von fern die Hut.

OBERON Was du siehst, wenn du wirst wach,
    Gleich zu deinem Liebsten mach,
    Brunst und Glut zu ihm entfach.
    Ob Luchs, ob Wildkatz oder Bär,
    Ob Pardel, Borsteneber schwer,
    Deinem Auge scheint's, als wär
    Es zu lieben eine Ehr.
    Erwach, wenn Kroppzeug um dich her.
        Lysander, Hermia
LYSANDER Herzlieb, Euch schwächt dies Wandern durch den
    Und ich, ganz ehrlich, habe mich verirrt.   [Wald,
    Wollt Ihr, Hermia, machen wir hier Halt,
    Und warten, bis der Tag uns helfen wird.
HERMIA So sei's, Lysander: sucht Euch eine Stätte,
    Da ich mich hier auf diese Moosbank bette.
LYSANDER Als unser Kissen reicht ein Fleck Natur;
    Ein Herz, ein Bett, zwei Seelen und ein Schwur.

Her. Nay good *Lysander:* for my sake, my deere
   Ly further off, yet; doe not lye so neere.
Lys. O take the sense, sweete, of my innocence.
   Loue takes the meaning, in loues conference,
   I meane that my heart vnto yours is knit;
   So that but one heart wee can make of it:
   Two bosomes interchained with an oath:
   So then two bosomes, and a single troth.
   Then, by your side, no bed-roome me deny:
   For lying so, *Hermia*, I doe not lye.
Her. *Lysander* riddles very prettily.
   Now much beshrewe my manners, and my pride,
   If *Hermia* meant to say, *Lysander* lyed.
   But gentle friend, for loue and curtesie,
   Ly further off, in humane modesty:
   Such separation, as may well be said
   Becomes a vertuous batcheler, and a maide,
   So farre be distant, and good night sweete friend:
   Thy loue nere alter till thy sweete life end.
Lys. Amen, amen, to that faire prayer, say I,
   And then end life, when I end loyalty.
   Heere is my bed: sleepe giue thee all his rest.
Her. With halfe that wish, the wishers eyes be prest.

                Enter Pucke.
Puck. Through the forrest haue I gone:
   But *Athenian* found I none,
   On whose eyes I might approue
   This flowers force in stirring loue.
   Night and silence. Who is heere?
   Weedes of *Athens* he doth weare:
   This is hee (my master saide)

HERMIA Nicht doch, Lysander: mir zuliebe, Lieber,
 Liegt nicht so nah, legt Euch mehr dort hinüber.
LYSANDER O mißnimm, Engel, meine Unschuld nicht!
 Lieb legt die Liebe aus, was Liebe spricht.
 Mein Herz ist, sag ich, Eurem so verknüpft
 Daß uns ein Herz gleichsam ins andre schlüpft;
 Zwei Seelen bindet ein Gelöbnis nur:
 Ergeben sich zwei Seelen und ein Schwur.
 Wollt nicht von Eurem Bett mich wegverfügen:
 Nie will ich, Hermia, da zu liegen, lügen.
HERMIA Lysander weiß sein Wort sehr hübsch zu biegen.
 Nur tät ich meinem Stolz nicht recht Genüge,
 Wenn Hermia meinte, daß Lysander lüge!
 Doch, lieber Freund, aus Huld und Höflichkeit,
 Liegt weiter weg, in schöner Sittsamkeit;
 Ein Zwischenraum, der, wie man froh erkennt,
 Den Junggesellen von der Jungfer trennt:
 So fern sei weit; und gute Nacht, mein Freund,
 Den Liebe mir, so lang sein Herz schlägt, eint!
LYSANDER Amen, sage ich zu dem Gebet,
 Und Herz, steh still, wenn still die Treue steht!
 Hier ist mein Bett; Schlaf, schenk uns deine Ruh.
HERMIA Der halbe Wunsch drück Wünschers Augen zu.
 Sie schlafen.
 Puck
PUCK Hab den Wald durch wie nur einer,
 Doch Athener fand sich keiner,
 Dessen Lid ich konnte schmieren,
 Blümleins Liebkraft zu probieren.
 Nacht und Schweigen – hier ist wer?
 Was Athen trägt, das trägt er:
 Der ist's, von dem mein Meister sprach,

Despised the *Athenian* maide:
And here the maiden, sleeping sound,
On the danke and dirty ground.
Pretty sowle, she durst not lye,
Neere this lack-loue, this kil-curtesie
Churle, vpon thy eyes I throwe
All the power this charme doth owe:
When thou wak'st, let loue forbidde
Sleepe, his seat, on thy eye lidde.
So awake, when I am gon:
For I must now to *Oberon*. *Exit.*

Enter Demetrius *and* Helena *running.*
Hel. Stay; though thou kill mee, sweete *Demetrius*.
De. I charge thee hence, and doe not haunt mee thus.
Hele. O, wilt thou darkling leaue me? doe not so.
De. Stay, on thy perill: I alone will goe.
Hel. O, I am out of breath, in this fond chase,
The more my prayer, the lesser is my grace.
Happie is *Hermia*, wheresoere she lies:
For she hath blessed, and attractiue eyes.
How came her eyes so bright? Not with salt teares.
If so, my eyes are oftner washt then hers.
No, no: I am as vgly as a Beare:
For beastes that meete mee, runne away, for feare.
Therefore, no maruaile, though *Demetrius*
Doe, as a monster, fly my presence, thus.
What wicked and dissembling glasse, of mine,
Made me compare with *Hermias* sphery eyen!
But, who is here? *Lysander*, on the ground?
Dead, or a sleepe? I see no blood, no wound.
Lysander, if you liue, good sir awake.

Dem läuft das arme Mädchen nach;
Und da liegt sie, schläft wie'n Hund
An dem dumpfen, sumpfen Grund.
Süßes Kind, wagst dich nicht dichter
Zum liebeleeren Gunstvernichter.
Rohling, dir auf deine Augen
Werf ich, was die Tropfen taugen:
Wachst du auf, hat dir das Lieben
Schlaf vom Augenlid vertrieben,
Erwachen sollst du nicht für mich,
Denn zu Oberon muß ich.
Ab.

Demetrius und Helena
HELENA Bleib stehn, seis auch mein Tod, Demetrius!
DEMETRIUS Ich sage, geh, eh ich dir helfen muß.
HELENA O mich im Finstern lassen? Muß das sein?
DEMETRIUS Bleib, wenn du leben willst; ich geh allein. *Ab.*
HELENA O diese Liebesjagd geht in die Wade!
 Je mehr ich bete, desto klein're Gnade.
 Das Glückskind Hermia, mag es sonstwo stecken,
 Hat Augen, die Geduld und Huld erwecken:
 Woher der Glanz der Augen? Kaum vom Weinen,
 Denn mehr als ihre wusch sein Salz die meinen.
 Nein, nein; ich bin so scheußlich wie ein Bär,
 Selbst Waldgetier hockt ängstlich um mich her:
 Kein Wunder drum, daß mein Demetrius
 Mich, als ein Monster, furchtsam fliehen muß.
 Welch ein verhexter Spiegel täuschte mich,
 Als ich mich Hermias Sphärenblick verglich?
 Doch wer ist das? Lysander, hingestreckt?
 Tot? Im Schlaf? Nicht Blut noch Wunde schreckt.
 Lysander, lebt Ihr, guter Sir, wacht auf!

Lys. And runne through fire, I will for thy sweete sake.
　Transparent *Helena*, nature shewes arte,
　That through thy bosome, makes me see thy heart.
　Where is *Demetrius*? Oh how fit a word
　Is that vile name, to perish on my sworde!
Hel. Do not say so, *Lysander*, say not so.
　What though he loue your *Hermia*? Lord, what though?
　Yet *Hermia* still loues you: then be content.
Lys. Content with *Hermia*? No: I doe repent
　The tedious minutes, I with her haue spent.
　Not *Hermia*, but *Helena* I loue.
　VVho will not change a Rauen for a doue?
　The will of man is by his reason swai'd:
　And reason saies you are the worthier maide.
　Things growing are not ripe, vntill their season:
　So I, being young, till now ripe not to reason.
　And touching now, the point of humane skill,
　Reason becomes the Marshall to my will,
　And leads mee to your eyes; where I orelooke
　Loues stories, written in loues richest booke.
Hel. Wherefore was I to this keene mockery borne?
　When, at your hands, did I deserue this scorne?
　Ist not enough, ist not enough, young man,
　That I did neuer, no nor neuer can,
　Deserue a sweete looke from *Demetrius* eye,
　But you must flout my insufficiency?
　Good troth you doe mee wrong (good sooth you doe)
　In such disdainfull manner, mee to wooe.
　But, fare you well: perforce, I must confesse,
　I thought you Lord of more true gentlenesse.
　O, that a Ladie, of one man refus'd,
　Should, of another, therefore be abus'd! *Exit.*

LYSANDER Für dein Glück wage ich den Feuerlauf!
Gläserne Helena! Natur hat Lust
Und läßt dein Herz mich sehn in deiner Brust.
Wo ist Demetrius? Ein Name, wert,
Aufgespießt zu werden auf mein Schwert.
HELENA Nicht, Lysander, nicht, seid guten Muts:
Was tut's, liebt er auch Hermia: Herr, was tut's?
Hermia liebt Euch: Ihr müßt Euch freuen.
LYSANDER Mich freuen? Über Hermia? Nein. Mich reuen
All die Minuten öder Tändeleien.
Will Hermia nicht, will Helena nun haben:
Wer gäbe für die Taube nicht den Raben?
Den Manneswillen soll Vernunft regieren,
Vernunft sagt, daß dich höh're Werte zieren.
Ein Ding, das wächst, benötigt Reifezeit,
So ich, erst jetzt reif zur Vernünftigkeit;
Und wie es mich, ein Mann zu sein, nun drängt,
Ist es Vernunft, die mir den Willen lenkt,
In's Auge dir zu sehn, und ich erahne
Dortselbst der Liebe herrlichste Romane.
HELENA Warum bin ich für solchen Spott gemacht?
Was tat ich Euch, daß Ihr mich so verlacht?
Genügt's Euch nicht, genügt's nicht, junger Mann,
Daß ich nicht hoffen darf, nie hoffen kann,
Des Demetrius' Blicke zu genießen,
Müßt Ihr noch Hohn auf meinen Mangel gießen?
Wahrlich, Ihr tut nicht recht, wirklich, nicht recht,
Wenn Ihr mich so zu necken Euch erfrecht.
Lebt wohl; ich habe, das muß ich gestehn,
In Euch den Lord von mehr Format gesehn.
O, daß ein Mädchen, brach ein Mann sein Herz,
Dem nächsten Mann herhalten muß zum Scherz!

Lys. She sees not *Hermia*. *Hermia*, sleepe thou there,
   And neuer maist thou come *Lysander* neere.
   For, as a surfet of the sweetest things
   The deepest loathing, to the stomacke bringes:
   Or, as the heresies, that men doe leaue,
   Are hated most of those they did deceiue:
   So thou, my surfet, and my heresie,
   Of all bee hated; but the most, of mee:
   And all my powers addresse your loue and might,
   To honour *Helen*, and to be her knight.   *Exit.*
Her. Helpe mee *Lysander*, helpe mee: do thy best
   To pluck this crawling serpent, from my brest.
   Ay mee, for pittie. What a dreame was here?
   Lysander looke, how I doe quake with feare.
   Me thoughr, a serpent eate my heart away,
   And you sate smiling at his cruell pray.
   Lysander what, remou'd? *Lysander*, Lord,
   What, out of hearing, gon? No sound, no word?
   Alacke where are you? Speake, and if you heare:
   Speake, of all loues. I swoune almost with feare.
   No, then I well perceiue, you are not ny:
   Either death, or you, Ile finde immediately.   *Exit.*

LYSANDER *Hermia übersieht sie.* Schlafe, Hermia,
Und komme niemals mehr Lysander nah!
Denn wie die Schwelgerei'n in süßen Dingen,
Dem Magen allergrößten Ekel bringen,
Und wie ihr Ketzertum den frisch Bekehrten
Noch hassenswerter scheint, weil sie es lehrten,
Sollst du, mein Ketzertum, mein Schwelgen hier,
Verhaßt bei allen sein, doch mehr bei mir!
Und, Sinnenkräfte, übt eu'r Können ein
Für Helena, ihr Ritter will ich sein!
HERMIA Hilf mir, Lysander, hilf mir doch! Du mußt
Die Schlange wegtun hier von meiner Brust!
Weh mir, ich Ärmste! Welch ein Traum zur Nacht!
Lysander, schau, wie Furcht mich beben macht.
Mir schien, mein Herz ward einer Schlange Fraß,
Und du warst's, der dabei, und lächelnd, saß.
Lysander! Wie, nicht da? Lysander! Lord!
Was denn, er hört nicht? Weg? Kein Laut, kein Wort?
Wehe mir, wo bist du? Hörst du mich, so sprich;
Liebst du mich, sprich! Die Furcht schon tötet mich.
Nicht? Das soll, du bist nicht nah, mir künden.
Mein Ende oder dich, eins will ich finden.

Enter the Clownes.

Bott. Are wee all met?
Quin. Pat, pat: and heres a maruailes conuenient place, for our rehearsall. This greene plot shall be our stage, this hauthorne brake our tyring house, and wee will doe it in action, as wee will doe it before the Duke.
Bott. Peeter Quince?
Quin. What saiest thou, bully, *Bottom*?
Bot. There are things in this Comedy, of *Pyramus* and *Thisby*, that will neuer please. First, *Pyramus* must draw a sworde, to kill himselfe; which the Ladies cannot abide. How answere you that?
Snout. Berlakin, a parlous feare.
Star. I beleeue, we must leaue the killing, out, when all is done.
Bott. Not a whit: I haue a deuise to make all well. Write me a Prologue, and let the Prologue seeme to say; we wil do no harme, with our swords, and that *Pyramus* is not kild indeede: and for the more better assurance, tel them, that I *Pyramus* am not *Pyramus*, but *Bottom* the weauer: this will put them out of feare.

Quin. Well: wee will haue such a Prologue, and it shall be written in eight and six.
Bot. No: make it two more: let it be written in eight & eight.
Snout. Will not the ladies be afeard of the Lyon?
Star. I feare it, I promise you.

III. AKT
1. Szene

Zwing, Zettel, Schmieg, Falz, Tülle und Kümmerling

ZETTEL Sind wir alle da?

ZWING Aber klar, aber ja; und dies ist hier ein fabelhaft passender Platz für unsere Probe. Der grüne Fleck ist unsere Bühne, und der Weißdornbusch unser Bühnenhaus; und wir spielen durch, wie vor dem Herzog.

ZETTEL Peter Zwing!

ZWING Was sprichest du, hochmögender Zettel?

ZETTEL Dinge gibts in dieser Komödie von Pyramus und Thisbe, die kommen niemals an. Erstmal muß Pyramus zum sich Umbringen ein Schwert rausholen, was die Ladies nicht ab können. Wie lautet darauf Eure Antwort?

TÜLLE Bei'r Jungfrau, ein bedenkenswertes Bedenken.

KÜMMERLING Ich glaube, wir müssen das Metzeln weglassen am Schluß.

ZETTEL Kein Tüttelchen; ich weiß ein Ding, das alles gut macht. Schreibt mir einen Prolog, und laßt den Prolog sowas sagen wie wir richten mit unsern Schwertern kein Unheil an und daß Pyramus nicht wirklich tot geht; und zur noch besseren Versicherung sag ihnen, ich, Pyramus, bin nicht Pyramus, sondern Zettel, der Weber. Das wird sie in Unfurcht versetzen.

ZWING Schön, wir kriegen so einen Prolog; geschrieben auf vier Hebungen und drei.

ZETTEL Nein, mach zwei mehr, schreib's auf fünf und vier.

TÜLLE Werden nicht die Ladies den Löwen anfürchten?

KÜMMERLING Das fürcht ich, sag ich euch.

Bot. Masters, you ought to consider with your selfe, to
bring in (God shielde vs) a Lyon among Ladies, is
a most dreadfull thing. For there is not a more fearefull
wilde foule then your Lyon liuing: & we ought to looke
toote.
Sno. Therfore, another Prologue must tel, he is not a Lion.

Bot. Nay: you must name his name, and halfe his face
must be seene through the Lions necke, and he himselfe
must speake through, saying thus, or to the same defect;
Ladies, or faire Ladies, I would wish you, or I would request you, or I wold intreat you, not to feare, not to treble:
my life for yours. If you thinke I come hither as a Lyon, it
were pittie of my life. No: I am no such thing: I am a man
as other men are: & there indeed, let him name his name,
and tell them plainely he is *Snugge*, the Ioyner.

Quin. Well: it shall be so: but there is two hard things;
that is, to bring the Moone-light into a chamber: for you
know, *Pyramus* and *Thisby* meete by Moone-light.
Sn. Doth the Moone shine, that night, we play our Play?
Bo. A Calender, a Calender: looke in the Almanack: finde
out Moone-shine, finde out Moone-shine.
Quin. Yes: it doth shine that night.
Cet. Why then, may you leaue a casement of the great
chamber window (where we play) open; and the Moone
may shine in at the casement.
Quin. I: or els, one must come in, with a bush of thorns,
& a latern, and say he comes to disfigure, or to present the
person of Moone-shine. Then, there is another thing; we
must haue a wal in the great chaber: for *Pyramus* & *This-*

ZETTEL Meisters, ihr müßt mit euch zu Rat gehen; einen Löwen (Gott schirme uns!) unter Ladies bringen ist eine äußerst scheußliche Sache; es lebt nämlich kein fürchterlicherer Flügeldrache als euer Löwe; und wir müssen auf'n aufpassen.

TÜLLE Desterwegen muß ein nächster Prolog sagen, er ist kein Löwe nicht.

ZETTEL Jawohl, ihr müßt seinen Namen benamsen, und sein Gesicht muß halb im Löwenhals zu sehn sein; und da muß er selber durch reden und sowas sagen oder sonstwie mit dem Defekt: ›Ladies‹ oder ›Schönste Ladies, ich wollte Euch wünschen‹ oder ›Ich wollte Euch ersuchen‹ oder ›Ich wollte Euch anliegen, nicht zu fürchten, nicht zu bibbern: mein Leben für Eures! Dächtet Ihr, ich käme hier als Löwe an, das wäre für mein Leben schlecht. Nee, ich bin kein so'n Dingens, ich bin ein Mannskerl wie jeder andre‹; und genau dann soll er seinen Namen benamsen und ihnen klarmachen, er ist Schmieg der Schreiner.

ZWING Schön, so soll es sein. Aber zwei harte Nüsse gibt's: einmal, Mondschein in ein Zimmer kriegen; ihr wißt, Pyramus und Thisbe treffen sich bei Mondschein.

TÜLLE Scheint der Mond die Nacht wo wir spielen?

ZETTEL 'n Kalender, 'n Kalender! Reingeschaut in den Almanach; such den Mondschein, such den Mondschein!

ZWING Ja, in der Nacht scheint er.

ZETTEL Na also, dann laßt ihr einen Flügel von dem Staatssaalfenster, wo wir spielen, aufstehn; und bei dem Flügel kann der Mond rein scheinen.

ZWING Das geht; sonst muß wer reinkommen mit einem Reisigbündel und einer Laterne und sagen er zerkörpert oder repräsentiert die Person des Mondscheins. Dann ist da noch was: wir brauchen eine Mauer in dem Staatssaal;

by (saies the story) did talke through the chinke of a wall.

Sno. You can neuer bring in a wal. What say you *Bottom*?

Bot. Some man or other must present wall: and let him
haue some plaster, or som lome, or some rough cast, about
him, to signifie wall; or let him holde his fingers thus: and
through that crany, shall *Pyramus* and *Thisby* whisper.

Quin. If that may be, then all is well. Come, sit downe e-
uery mothers sonne, and reherse your parts. *Pyramus*, you
beginne: when you haue spoken your speech, enter into
that Brake, and so euery one according to his cue.

Enter Robin.

Ro. What hempen homespunnes haue we swaggring here,
So neere the Cradle of the Fairy Queene?
What, a play toward? Ile be an Auditor,
An Actor to perhappes, If I see cause.

Quin. Speake *Pyramus*: *Thysby* stand forth.

Pyra. *Thisby* the flowers of odious sauours sweete.

Quin. Odours, odorous.

Py. Odours sauours sweete.
So hath thy breath, my dearest *Thisby* deare.
But harke, a voice: stay thou but heere a while,
And by and by I will to thee appeare. *Exit.*

Quin. A stranger *Pyramus*, then ere played heere.

Thys. Must I speake now?

Quin. I marry must you. For you must vnderstand, he goes
but to see a noyse, that he heard, and is to come againe.

Thys. Most radiant *Pyramus*, most lillie white of hewe,

denn Pyramus und Thisbe, sagt die Story, taten reden
durch einen Mauerritz.
SCHMIEG ’ne Mauer da rein kriegt ihr nicht. Was sagt Ihr,
Zettel?
ZETTEL Der oder wer muß Mauer präsentieren; und laßt
ihn was Mörtel oder was Lehm oder was Rauhputz an
sich haben, was Mauer signifiziert; und seine Finger laßt
ihn so halten, und durch den Schlitz soll'n Pyramus und
Thisbe sich bewispern.
ZWING Wenn das langt, ist alles paletti. Kommt, setzt
euch, alle miteinander, und führt eure Rollen vor. Pyramus, Ihr fangt an: wenn Ihr Eure Rede gesagt habt,
entert Ihr den Busch; und so jeder gemäß seinem Stichwort.

Puck

PUCK Welch hausgemachter Haufen rauhbauzt hier
So nah der Lagerstatt der Elfenfürstin?
Wie, ein Theaterstück? Ich bin Besucher
Schauspieler auch, wenn's Anlaß dazu gibt.
ZWING Sprich, Pyramus; Thisbe, tritt vor.
ZETTEL »Thisbe, wie Blumen üblich duften süß« –
ZWING »Lieblich«! »Lieblich«!
ZETTEL   »Lieblich duften süß,
So tut's dein Atem, liebste Thisbe, mir.
Doch horch, ein Laut! Verweile eine Zeit,
Und ich, im Nu, erscheine neu vor dir.«   *Ab.*
PUCK Nie sahn wir solchen Pyramus allhier!
FALZ Bin ich jetzt mit Sagen dran?
ZWING Ja, Himmel, bist du; kapier doch, er geht bloß weg,
weil er nach dem Lärm sieht, den er gehört hat und tritt
ruckzuck wieder auf.
FALZ »Du strahler Pyramus, von Farbe weiß und rot,

Of colour like the red rose, on triumphant bryer,
Most brisky Iuuenall, and eeke most louely Iewe,
As true as truest horse, that yet would neuer tyre,
Ile meete thee *Pyramus*, at *Ninnies* toumbe.
Quin. *Ninus* toumbe, man. Why? you must not speake
That yet. That you answere to *Pyramus*. You speake
Al your part at once, cues, and, all. *Pyramus*, enter: your cue
is past: It is; neuer tire.

Thys. O, as true as truest horse, that yet would neuer tyre.

Py. If I were faire, *Thysby*, I were onely thine.
Quin. O monstrous! O strange! We are haunted. Pray masters: fly masters: helpe.

Rob. Ile follow you: Ile leade you about a Round,
Through bogge, through bush, through brake, through (bryer:
Sometime a horse Ile be, sometime a hound,
A hogge, a headelesse Beare, sometime a fier,
And neigh, and barke, and grunt, and rore, and burne,
Like horse, hound, hogge, beare, fire, at euery turne. *Exit.*
Bott. Why doe they runne away? This is a knauery of
them to make mee afeard.   *Enter* Snowte.

Sn. O *Bottom*, thou art chaung'd. What do I see on thee?
Bot. What Doe you see? You see an Asse head of your
owne. Do you?
              Enter Quince.   *(Exit.*
Quin. Blesse thee *Bottom*, blesse thee. Thou art trãslated.

Bot. I see their knauery. This is to make an asse of mee, to
fright me, if they could: but I wil not stirre from this place,

Wie Lilien weiß, wie Rosen rot zugleich,
Du juvenaler Held, wo Liebe ein Gebot,
Du nimmerlahmer Hengst, an Treue reich.
Ich treff dich, Pyramus, bei Minusgrad.«
ZWING »Bei Ninus' Grab«, Mann! Halt, den Vers müßt Ihr noch nicht sprechen; das antwortet Ihr erst Pyramus. Ihr sagt Eure ganze Rolle auf einmal auf, Stichworte und alles. Pyramus, Auftritt! Euer Stichwort ist gefallen: es heißt »an Treue reich«.
FALZ O – »Du nimmerlahmer Hengst, an Treue reich«.
Zettel mit einem Eselskopf
ZETTEL »Wär ich das, schöne Thisbe, wär ich ganz dein«.
ZWING O grauslich! O verrückt! Wir sind verhext! Betet, Meisters! Flüchtet, Meisters! Helft!
Zwing, Schmieg, Falz, Tülle und Kümmerling ab.
PUCK Ich folg euch: ich nasführe euch im Rund!
Durch Sand, durch Sumpf, durch Strupp, durch Strauch,
Will manchmal Pferd sein, manchmal Hund,
Bin Schwein, Bär ohne Kopf, ein Irrlicht auch,
Und schnaub und knurr und grunz und brüll und flacker,
Als lief ein Pferdhundschweinbärirrlicht über'n Acker. *Ab.*
ZETTEL Warum rennen sie weg? Sie leisten sich'n Scherz, mir bange machen zu wollen.
Tülle
TÜLLE O Zettel, dich hamse geändert! Was seh ich an dir?
ZETTEL Was du siehst? Du siehst genau so 'ne Eselsnase wie deine, hab ich Recht?
Tülle ab. Zwing
ZWING Segen mit dir, Zettel, Segen mit dir! Du bist übersetzt.
Ab.
ZETTEL So sieht also ihr Scherz aus: ich soll als Esel da stehn und es mit der Angst kriegen, wenn's nach denen geht. Aber ich

do what they can. I will walke vp and downe heere, and I
will sing, that they shall heare I am not afraide.

The Woosell cock, so blacke of hewe,
With Orange tawny bill,
The Throstle, with his note so true,
The Wren, with little quill.

Tytania. What Angell wakes me from my flowry bed?
Bot. The Fynch, the Sparrowe, and the Larke,
The plainsong Cuckow gray:
Whose note, full many a man doth marke,
And dares not answere, nay.
For indeede, who would set his wit to so foolish a birde?
Who would giue a bird the ly, though hee cry Cuckow,
neuer so?

Tita. I pray thee, gentle mortall, sing againe.
Myne eare is much enamoured of thy note:
So is mine eye enthralled to thy shape,
And thy faire vertues force (perforce) doth mooue mee,
On the first viewe to say, to sweare, I loue thee.

Bott. Mee thinks mistresse, you should haue little reason
for that. And yet, to say the truth, reason and loue keepe
little company together, now a daies. The more the pitty,
that some honest neighbours will not make them friends.
Nay I can gleeke, vpon occasion.

Tyta. Thou art as wise, as thou art beautifull.

Bott. Not so neither: but if I had wit enough to get out
of this wood, I haue enough to serue mine owe turne.

Tyta. Out of this wood, doe not desire to goe:
Thou shalt remaine here, whether thou wilt or no.
I am a spirit, of no common rate:

rühr mich nicht vom Fleck, was die auch aufstell'n; ich geh hier hin und her und singe was, dann hören sie, mir ist nicht bange.

>>Der Amselhahn, der Amselhahn,
Der hat den schwarzen Gehrock an;
Die Drosseln, die Drosseln
Die gehen lieber bosseln<< –

TITANIA Weckt mich ein Engel aus dem Blütentraum?

ZETTEL »Die Spatzen, Lerchen, Finken,
Die fangen an, zu trinken;
Der Kuckuck, der Kuckuck,
Der ruft derweil vom Ehetrug.«

Und dazu sagen wir besser nix, denn wer wird sich mit so'm dämlichen Vogel anlegen? Wer wird 'n Vogel ernstnehmen, und wenn er noch so laut kuckuckt?

TITANIA Ich bitt dich, holder Sterblicher, sing weiter:
Mein Ohr ist so durchliebt von deinen Tönen,
Wie deine Wohlgestalt mein Auge fing;
Und deine Tugendmacht läßt mich dir schwören,
Ich will dir, auf den ersten Blick, gehören.

ZETTEL Dazu, mein ich, Mistress, hat wer wie Sie wenig Grund. Obwohl, um bei'r Wahrheit zu bleiben, die Liebe mit'm Grund dazu ist heut rar. Und oft sind leider schon die lieben Nächsten der Grund dafür, daß die Liebe zu Grund geht. Sie sehn, ich kann witzig sein, wenn sich's paßt.

TITANIA Du bist so weise, wie du reizend bist.

ZETTEL Das nun auch nicht grade; aber wär ich schlau genug, aus diesem Wald heraus zu finden, würde das mir auf alle Fälle langen.

TITANIA Nicht wünsche dich aus diesem Wald hinaus:
Ob du es willst, ob nicht, hier harrst du aus.
Ich bin ein Geist von nicht geringer Art;

The Sommer, still, doth tend vpon my state,
And I doe loue thee: therefore goe with mee.
Ile giue thee Fairies to attend on thee:
And they shall fetch thee Iewels, from the deepe,
And sing, while thou, on pressed flowers, dost sleepe:
And I will purge thy mortall grossenesse so,
That thou shalt, like an ayery spirit, goe.
Pease-blossome, *Cobweb*, *Moth*, and *Mustard-seede*?
Enter foure Fairyes.
Fairies. Readie: and I, and I, and I. Where shall we goe?

Tita. Be kinde and curteous to this gentleman,
   Hop in his walkes, and gambole in his eyes,
   Feede him with Apricocks, and Dewberries,
   With purple Grapes, greene figges, and Mulberries,
   The hony bagges steale from the humble Bees,
   And for night tapers, croppe their waxen thighes,
   And light them at the fiery Glowe-wormes eyes,
   To haue my loue to bedde, and to arise,
   And pluck the wings, from painted Butterflies,
   To fanne the Moone-beames from his sleeping eyes,
   Nod to him Elues, and doe him curtesies.
1. *Fai.* Haile mortall, haile.
2. *Fai.* Haile.
3. *Fai.* Haile.
Bot. I cry your worships mercy, hartily: I beseech your worshippes name.
Cob. Cobwebbe.
Bot. I shall desire you of more acquaintance, good ma-

Der Sommer selbst tut Dienst in meinem Staat;
Und ich will dich: darum gehst du mit mir.
Ich gebe Elfen als Gefolge dir,
Die fördern dir verborg'nen Edelstein,
Und lullen dich auf Blumenkissen ein:
Dein grob Vergängliches will ich verwehn,
Daß du als Luftgeist fürderhin sollst gehn.
Erbsblüte! Spinnweb! Mottenbein! Und Senfkorn!
Elfen
ERBSBLÜTE Bin da.
SPINNWEB Ich auch.
MOTTENBEIN Ich auch.
SENFKORN Ich auch.
ALLE Was ist zu tun?
TITANIA Seid nett und höflich zu dem Gentleman;
  Tanzt vor seinem Fuß, springt hinterdrein,
  Mit Aprikosen nährt ihn, Heidelbeeren,
  Mit Purpurtrauben, Feigen, Stachelbeeren,
  Den Honigsack der Hummeln müßt ihr leeren,
  Das Wachs von ihren Schenkeln erntet ein,
  Zu Lichtern zündet's an mit Glühwurms Schein,
  Tagaus für meinen Liebsten und tagein;
  Und pflückt die Flügel ab von Schmetterlingen,
  Daß sie ihm, schläft er, Schutz vor Mondschein bringen.
  Verbeugt euch, Elfen, haltet ihn in Ehren.
ERBSBLÜTE Heil Euch, Sterblicher.
SPINNWEB Heil Euch.
MOTTENBEIN, SENFKORN Heil Euch.
ZETTEL Zu Gnaden, Euer Ehren, wie war gleich der Name von Euer Ehren?
SPINNWEB Spinnweb.
ZETTEL Eure Bekanntschaft will ich mir erhalten, denn ritz

ster *Cobweb*: if I cut my finger, I shall make bolde with
you. Your name honest gentleman?
Pea. *Pease-blossome.*
Bot. I pray you commend mee to mistresse *Squash*, your
mother, and to master *Peascod*, your father. Good master
Pease-blossome, I shall desire you of more acquaintance,
to. Your name I beseech you sir?
Must. *Mustardseede.*
Bot. Good master *Mustardseede*, I know your patience
woll. That same cowardly, gyantlike, Ox-beefe hath de-
uourd many a gentleman of your house. I promise you,
your kindred hath made my eyes water, ere now. I desire
you more acquaintance, good master *Mustardseede*.

Tita. Come waite vpon him: leade him to my bower.
The Moone, me thinkes, lookes with a watry eye:
And when shee weepes, weepes euery little flower,
Lamenting some enforced chastitie.
Ty vp my louers tongue, bring him silently.   *Exit.*

Enter King of Fairies, *and* Robin goodfellow.

Ob. I wonder if *Titania* be awak't;
Then what it was, that next came in her eye,
Which she must dote on, in extreamitie.

Here comes my messenger. How now, mad spirit?
What nightrule now about this haunted groue?
Puck. My mistresse with a monster is in loue,
Neere to her close and consecrated bower.

ich mir den Finger, komm ich glatt auf Euch zurück.
Euer Name, ehrenwerter Herr?
ERBSBLÜTE Erbsblüte.
ZETTEL Bitte empfehlt mich Mistress Hülse, Eurer Mutter, und Meister Schote, Eurem Vater. Eure Bekanntschaft will ich mir auch erhalten. Euer Name war noch, Sir?

SENFKORN Senfkorn.
ZETTEL Bester Meister Senfkorn, ich weiß Eure Liebenswürdigkeit zu schätzen. Was hat der tückische, riesenhafte Klotz von Ochsenfleisch nicht schon geschluckt an Herren von Eurer Innung: ich besichre Euch, mir hat Eure Sippe oft die Augen gewässert. Eure Bekanntschaft soll mir auch erhalten bleiben, lieber Meister Senfkorn.
TITANIA Kommt, führt ihn, daß mein Laubdach ihn behüte.
    Lunas Auge, scheint mir, blickt betrübt;
    Und weint sie, dann weint jede kleine Blüte,
    Wo man sich in erzwung'ner Keuschheit übt.
    Und sorgt, daß still zu schweigen ihm beliebt. *Alle ab.*

2. Szene

Oberon

OBERON Gern wüßt ich, ob Titania erwacht ist,
    Dann, was ihr zuerst ins Auge fiel
    Zu süchtig selbstvergess'nem Liebesspiel.
    Puck
OBERON Hier naht mein Gesandter. Nun und, Ungeist,
    Was hat's zur Nacht im Zauberwald gesetzt?
PUCK Die Herrin mein umarmt ein Monstrum jetzt.
    Sie lag in ihrer heiligen Rotunde

While she was in her dull, and sleeping hower,
A crew of patches, rude Mechanicals,
That worke for bread, vpon *Athenian* stalles,
Were met together to rehearse a play,
Intended for great *Theseus* nuptiall day:
The shallowest thickskinne, of that barraine sort,
Who *Pyramus* presented, in their sport,
Forsooke his Scene, and entred in a brake,
VVhen I did him at this aduantage take:
An Asses nole I fixed on his head.
Anon his *Thisbie* must be answered,
And forth my Minnick comes. When they him spy;
As wilde geese, that the creeping Fouler eye,
Or russet pated choughes, many in sort
(Rysing, and cawing, at the gunnes report)
Seuer themselues, and madly sweepe the sky:
So, at his sight, away his fellowes fly,
And at our stampe, here ore and ore, one falles:
He murther cryes, and helpe from *Athens* cals.
Their sense, thus weake, lost with their feares, thus strong,
Made senselesse things begin to doe them wrong.
For, briers and thornes, at their apparell, snatch:
Some sleeues, some hats; from yeelders, all things catch.
I led them on, in this distracted feare,
And left sweete *Pyramus* translated there:
When in that moment (so it came to passe)
Tytania wak't, and straight way lou'd an Asse.
Ob. This falles out better, then I could deuise.
But hast thou yet latcht the *Athenians* eyes,
With the loue iuice, as I did bid thee doe?
Rob. I tooke him sleeping (that is finisht to)
And the *Athenian* woman, by his side;

Zu tiefer und erschöpfter Schlummerstunde,
Als nahebei ein Trupp von Handwerksleuten,
Die für ihr Brot am Markt Athens arbeiten,
Sich anschickt, da ein Schauspiel zu probieren,
Um's an des Theseus Hochzeit vorzuführen.
Der dickfelligste Hohlkopf der Gesellen,
Dazu ersehn, den Pyram vorzustellen,
Schmeißt seine Szene, tritt ab ins Gesträuch,
Da mache ich mich an ihn, allsogleich
Mit einem Eselshaupt ihn zu begaben.
Indes muß seine Thisbe Antwort haben:
Auftritt mein Kunststück. Kaum, daß sie ihn sehn,
Wie wilde Gänse, die den Fuchs erspähn,
Wie Dohlen, deren Schwarm, kracht erst der Schuß,
Auffliegt und mit Gekrächz zerflattern muß,
Und sie verstört den Himmel überziehn,
So läßt der Anblick seine Kumpel fliehn;
Der fällt über den vor unsern Hufen,
Schreit Mord und will Athen zu Hilfe rufen.
Ihr Riesenschreck, der die Vernunft verzwergt,
Hat, was vernunftlos, gegen sie gestärkt:
Denn Ast und Dorn begann, sie anzugreifen,
Die Ärmel, Mützen, alles abzustreifen.
Ich habe sie in ihre Furcht gehetzt,
Und ließ Schön-Pyram hier, so übersetzt:
Worauf, wie es sich ganz von selbst ergibt,
Titania wach wird und 'nen Esel liebt.
OBERON Das geht ja besser, als ich je gedacht.
    Hast du den Saft auf's Auge auch gebracht
    Von dem Athener, wie ich dir gesagt?
PUCK Im tiefsten Schlaf – auch das ist abgehakt.
    Und die Athenerfrau lag derart nah,

That when he wak't, of force she must be ey'd.
Enter Demetrius *and* Hermia.
Ob. Stand close: this is the same *Athenian*.
Rob. This is the woman: but not this the man.
Demet. O, Why rebuke you him, that loues you so?
Lay breath so bitter, on your bitter foe.
Her. Now I but chide: but I should vse thee worse.
For thou (I feare) hast giuen me cause to curse.
If thou hast slaine *Lysander*, in his sleepe;   (to.
Being ore shooes in blood, plunge in the deepe, & kill mee

The Sunne was not so true vnto the day,
As hee to mee. Would hee haue stollen away,
Frow sleeping *Hermia*? Ile beleeue, as soone,
This whole earth may be bor'd, and that the Moone
May through the Center creepe, and so displease
Her brothers noonetide, with th' *Antipodes*.
It cannot be, but thou hast murdred him.
So should a murtherer looke; so dead, so grimme.

Dem. So should the murthered looke, and so should I,
Pearst through the heart, with your sterne cruelty.
Yet you, the murtherer, looke as bright, as cleere,
As yonder *Venus*, in her glimmering spheare.
Her. Whats this to my *Lysander*? Where is hee?
Ah good *Demetrius*, wilt thou giue him mee?
Deme. I had rather giue his carcasse to my hounds.
Her. Out dog, out curre: thou driu'st me past the bounds
Of maidens patience. Hast thou slaine him then?
Henceforth be neuer numbred among men.
O, once tell true: tell true, euen for my sake:

Daß er erwachend sie notwendig sah.
Demetrius, Hermia
OBERON *Zur Seite:* der Athener kommt in Sicht.
PUCK Das ist die Frau, der Mann jedoch ist's nicht.
DEMETRIUS O, warum weist Ihr den ab, der Euch liebt?
Ein böser Feind ist, wem man böse Worte gibt.
HERMIA Noch schimpfe ich, doch Schlimm'res muß ich suchen,
Denn du, das fürcht ich, gabst mir Grund, zu fluchen.
Wenn du Lysander totschlugst, als er schlief,
Bis zu den Schuh'n in Blut, dann wate tief
Und töte mich dazu.
Die Sonne hing so treu nicht an dem Tag,
Wie er an mir. Und soll, als Hermia schlafend lag,
Davon sich stehlen? Eher glaub ich noch,
Es ließe durch die Erde sich ein Loch
Hinab bis zu den Antipoden bohren,
Und hier der Mondschein könne ungeschoren
Durch die Mitte kriechend drunten funkeln,
Und seines Bruders Mittagsglanz verdunkeln.
Es muß so sein, du, du erschlugst ihn mir,
So soll ein Täter dreinsehn, tot und stier.
DEMETRIUS So soll ein Opfer dreinsehn und drum ich,
Mein Herz durchbohrt von Eurer Kälte Stich;
Doch Ihr, die Täterin, strahlt hell und klar,
Als ob der Abendstern mein Mörder war.
HERMIA Wo ist dann mein Lysander? Ist am Leben?
Ah, wirst, Demetrius, du ihn mir geben?
DEMETRIUS Eher seine Knochen meinen Hunden.
HERMIA Weg, Hund! Weg, Vieh! Los hast du mich gebunden
Von Mädchensitte. Schlug ihn deine Hand?
Dann sei, wo Menschen sind, nie mehr genannt!
O, sprich nur ein Mal wahr, tu's mir zulieb:

>   Durst thou haue lookt vpon him, being awake?
>   And hast thou kild him, sleeping? O braue tutch!
>   Could not a worme, an Adder do so much?
>   An Adder did it: For with doubler tongue
>   Then thyne (thou serpent) neuer Adder stung.
> *Deme.* You spende your passion, on a mispris'd mood:
>   I am not guilty of *Lysanders* bloode:
>   Nor is he deade, for ought that I can tell.
> *Her.* I pray thee, tell mee then, that he is well.
> *De.* And if I could, what should I get therefore?
> *Her.* A priuiledge, neuer to see mee more:
>   And from thy hated presence part I: see me no more;
>   Whether he be dead or no.   *Exit.*
> *Deme.* There is no following her in this fierce vaine.
>   Heere therefore, for a while, I will remaine.
>   So sorrowes heauinesse doth heauier growe.
>   For debt that bankrout slippe doth sorrow owe:
>   Which now in some slight measure it will pay;
>   If for his tender here I make some stay.   *Ly doune.*
> *Ob.* What hast thou done? Thou hast mistaken quite,
>   And laid the loue iuice on some true loues sight.
>   Of thy misprision, must perforce ensue
>   Some true loue turnd, and not a false turnd true.
> *Robi.* Then fate orerules, that one man holding troth,
>   A million faile, confounding oath on oath.
> *Ob.* About the wood, goe swifter then the winde,
>   And *Helena* of *Athens* looke thou finde.
>   All fancy sicke she is and pale of cheere,
>   With sighes of loue, that costs the fresh blood deare.
>   By some illusion see thou bring her here:
>   Ile charme his eyes, against she doe appeare.
> *Robin.* I goe, I goe, looke how I goe.

    Ihn, vor dem dir wach nur Feigheit blieb,
    Erschlugst du, da er schlief? O Heldenmann!
    Vollbringt, was Wurm auch, was auch Natter kann!
    Nein, Natter kaum: so doppelzüngig sticht,
    Wie du, du Schlange, selbst die Natter nicht.
DEMETRIUS Eure Leidenschaft hat sich verrannt:
    Lysanders Blut klebt nicht an meiner Hand,
    Noch ist er tot, soweit ich sagen kann.
HERMIA Dann sag, es geht ihm gut, ich fleh dich an.
DEMETRIUS Und tu ich das, was kriege ich dafür?
HERMIA Die Gunst, mich nicht zu sehn, gewähr ich dir.
    So laß ich dein verhaßtes Angesicht:
    Nie sieh mich mehr, ob er nun lebt, ob nicht.   *Ab.*
DEMETRIUS Sinnlos, ihr zu folgen in der Wut;
    Drum hingepackt und etwas ausgeruht.
    Kummer trägt man weniger geduldig,
    Bleibt armer Schlaf dem Kummer etwas schuldig,
    Wovon er gleich ein Stückchen abbezahlt,
    Mache ich zu seinen Gunsten Halt.   *Er legt sich nieder.*
OBERON Was machtest du? Du hast dich grob vertan,
    Kamst treuer Liebe mit dem Liebestran:
    Dein Mißgriff, er macht irgendwo auf's neu
    Uns Treue untreu statt Untreue treu.
PUCK So will's das Schicksal: auf je einen Treuen
    Gehn tausend, die Euch Schwur auf Schwur entweihen.
OBERON Sturmschnell durchstreif den Wald, wie fern, so nah,
    Und such mir aus Athen die Helena;
    So liebeskrank sie ist, so tödlich blaß,
    Mit Sehnsuchtsseufzern wie ein Aderlaß,
    Du schaffst sie her, bezauberst sie mit was;
    Bis sie erscheint, drück ich auf's Aug ihm das.
PUCK Ich eile, eile, seht nur, wie ich eile,

Swifter then arrow, from the *Tartars* bowe.
Ob. Flower of this purple dy,
　　Hit with *Cupids* archery,
　　Sinke in apple of his eye,
　　When his loue he doth espy,
　　Let her shine as gloriously
　　As the *Venus* of the sky.
　　When thou wak'st, if she be by,
　　Begge of her, for remedy.
　　　　　　　　Enter Puck.
Puck. Captaine of our Fairy band,
　　Helena is heere at hande,
　　And the youth, mistooke by mee,
　　Pleading for a louers fee.
　　Shall wee their fond pageant see?
　　Lord, what fooles these mortals bee!
Ob. Stand aside. The noyse, they make,
　　Will cause *Demetrius* to awake.
Pu. Then will two, at once, wooe one:
　　That must needes be sport alone.
　　And those things do best please mee,
　　That befall prepost'rously.
　　　　　　Enter Lysander, *and* Helena.
Lys. Why should you think, that I should wooe in scorne?
　　Scorne, and derision, neuer come in teares.
　　Looke when I vow, I weepe: and vowes so borne,
　　In their natiuitie all truth appeares.
　　How can these things, in mee, seeme scorne to you?
　　Bearing the badge of faith to prooue them true.
Hel. You doe aduance your cunning, more, and more.
　　When trueth killes truth, ô diuelish holy fray!
　　These vowes are *Hermias*. Will you giue her ore?

Geschwinder noch als selbst Tartarenpfeile. *Ab.*
OBERON Blume in dem Purpur fein,
Cupidos Pfeil war einmal dein,
Tränk es diesem Auge ein,
Daß er sie, die sein will sein,
Ansieht als so himmlisch rein
Wie Venus selbst im Glorienschein.
Beknie erwachend sie, sei mein,
Erfleh Vergebung für dein Nein.
Puck
PUCK Käpt'n unsrer Elfenbanden,
Helena ist schon zuhanden;
Mit ihm, dem ich den Liebesfarren
Schirrte an den falschen Karren.
Woll'n wir ihres Festspiels harren?
Chef, die Sterblichen sind Narren.
OBERON Komm hinweg: ihr Lärmen macht,
Daß Demetrius erwacht.
PUCK Dann werben zwei zugleich um eine:
Das wird ein Hauptspaß schon alleine;
Nichts kann mich viel muntrer machen,
Als so sinnverwirrte Sachen.
Lysander, Helena
LYSANDER Was läßt Euch glauben, ich will Euch verhöhnen?
Hohn und Spott hat selten noch geweint.
Seht doch, wenn ich schwöre, fließen Tränen,
Und so gebor'ne Schwüre sind gemeint.
Wie können Dinge Euch als Hohn erscheinen,
Die doch das Siegel ihrer Echtheit weinen?
HELENA Frech wart Ihr, wollt Euch mehr und mehr erfrechen.
Wenn echt echt fälscht, o teuflisch-frommer Trug!
Das schwurt Ihr Hermia schon: wollt Ihr's nun brechen?

> Weigh oath, with oath, and you will nothing waigh.
> Your vowes to her, and mee (put in two scales)
> Will euen weigh; and both as light as tales.

Lys. I had no iudgement, when to her I swore.
Hel. Nor none, in my minde, now you giue her ore.
Lys. Demetrius loues her: and he loues not you.

Deme. O *Helen*, goddesse, nymph, perfect diuine,
> To what, my loue, shall I compare thine eyne!
> Christall is muddy. O, how ripe, in showe,
> Thy lippes, those kissing cherries, tempting growe!
> That pure coniealed white, high *Taurus* snow,
> Fand with the Easterne winde, turnes to a crowe,
> When thou holdst vp thy hand. O, let me kisse
> This Princesse of pure white, this seale of blisse.

Hel. O spight! O hell! I see, you all are bent
> To set against mee, for your merriment.
> If you were ciuill, and knew curtesie,
> You would not doe mee thus much iniury.
> Can you not hate mee, as I know you doe,
> But you must ioyne, in soules, to mocke mee to?
> If you were men, as men you are in showe,
> You would not vse a gentle Lady so;
> To vowe, and sweare, and superpraise my parts,
> When I am sure, you hate mee with your hearts.
> You both are Riuals, and loue *Hermia*:
> And now both Riualles, to mock *Helena*.
> A trim exploit, a manly enterprise,
> To coniure teares vp, in a poore maides eyes,
> With your derision None, of noble sort,
> Would so offend a virgine, and extort
> A poore soules patience, all to make you sport.

Den Eid zu wiegen, wiegt der Eid genug:
Eur' Schwören ihr und mir, legt's auf die Waage,
Es wiegt gleich schwer; und leicht wie fernste Sage.
LYSANDER Ich war nicht bei mir, als zu ihr ich schwor.
HELENA Nicht anders kommst du, da du's brichst, mir vor.
LYSANDER Demetrius liebt sie, und Euch liebt er nicht.
HELENA Wird darum Euch zu lieben mir zur Pflicht?
DEMETRIUS O Helen, Göttin, Nymphe ohnegleichen,
Dein Auge, Liebste, wie ließ sich's vergleichen?
Kristall ist trüb. O, wie sich deine süßen
Kirschenlippen reif und schwellend küssen!
Der Schnee des hohen Taurus, weiß erhaben,
Vom Ostwind überfächelt, wird zum Raben,
Hebst du die Hand. O, einen Kuß der Hand
Der Weißprinzessin, aller Wonnen Pfand.
HELENA O Höllenbosheit! Seh ich euch verbündet,
Damit ihr mehr Vergnügen an mir findet?
Wärt ihr gesittet, kenntet Höflichkeit,
Ihr wärt, mich so zu kränken, nicht bereit.
Ich weiß, ihr haßt mich: kann's dabei nicht bleiben,
Müßt ihr verschworen Spott noch mit mir treiben?
Würdet ihr in Männer euch verwandeln,
Ihr würdet keine Lady so behandeln:
Zu schwören, zu geloben, mich zu preisen,
Mit Herzen, die mich, weiß ich, von sich weisen.
Ihr seid Rivalen und liebt Hermia,
Und wie Rivalen höhnt ihr Helena.
Ein feiner Plan, ein mannhaftes Komplott,
Den Augen einer Frau mit solchem Spott
Tränen zu entlocken! Edlen Seelen
Fiel es nicht ein, derart an ihr zu fehlen,
Die arme Seele nur zum Spaß zu quälen.

Lysand. You are vnkinde, Demetrius: be not so.
   For you loue *Hermia*: this you know I know.
   And heare, with all good will, with all my heart,
   In *Hermias* loue I yeelde you vp my part:
   And yours of *Helena*, to mee bequeath:
   Whom I doe loue, and will do till my death.
Hel. Neuer did mockers waste more idle breath.
Deme. *Lysander*, keepe thy *Hermia*: I will none.
   If ere I lou'd her, all that loue is gone.
   My heart to her, but as guestwise, soiournd:
   And now to *Helen*, is it home returnd,
   There to remaine.
Lys. *Helen*, it is not so.
Deme. Disparage not the faith, thou dost not know;
   Least to thy perill, thou aby it deare.
   Looke where thy loue comes: yonder is thy deare.
          Enter Hermia.
Her. Darke night, that from the eye, his function takes,
   The eare more quicke of apprehension makes.
   Wherein it doth impaire the seeing sense,
   It payes the hearing double recompence.
   Thou art not, by myne eye, *Lysander*, found:
   Mine eare, I thanke it, brought me to thy sound.
   But why, vnkindly, didst thou leaue mee so?
Lys. Why should he stay, whom loue doth presse to go?
Her. What loue could presse *Lysander*, from my side?
Lys. *Lysanders* loue (that would not let him bide)
   Faire *Helena*: who more engilds the night
   Then all yon fiery oes, and eyes of light.
   Why seek'st thou me? Could not this make thee know,
   The hate I bare thee, made mee leaue thee so?
Her. You speake not as you thinke: It cannot bee.

LYSANDER Demetrius, du bist unnett; gib jetzt Ruh,
 Daß ich weiß, du liebst Hermia, weißt du:
 Und hier, aus freien Stücken, ganz bei mir,
 Geb ich mein Teil von Hermias Liebe dir;
 Leg mir dein Teil von Helenas in die Hände,
 Da ich sie liebe, und bis an mein Ende.
HELENA Schon diese eitle Plänkelei spricht Bände.
DEMETRIUS Lysander, behalt Hermia; ich verzichte.
 Wenn ich sie liebte, dann ist das Geschichte.
 Gastweise war mein Herz da eingekehrt,
 Und ist zu Helena nun heimgekehrt,
 Um dort zu wohnen.
LYSANDER   Helena, das stimmt nicht.
DEMETRIUS Verlach den Anstand, der es ernster nimmt, nicht,
 Möchtest du es nicht noch bitter büßen.
 Da kommt dein Liebchen: da mußt du genießen.

Hermia

HERMIA Nachtschwärze, die der Augen Arbeit endet,
 Macht, daß das Ohr vermehrte Kraft aufwendet;
 Womit sie, die des Sehsinns sich entledigt,
 Zugleich den Hörsinn doppelt hoch entschädigt.
 Mit Augen nicht, Lysander, fand ich dich,
 Mein Ohr, ich danke ihm, wies zu dir mich.
 Wie konntest du dich so an mir versehn?
LYSANDER Der bleibt nicht, den die Liebe drängt, zu gehn.
HERMIA Die Liebe drängt Lysander weg von mir?
LYSANDER Lysanders Liebe rief ihn ab von dir –
 Helena, die mir die Nacht erhellt,
 Mehr als die Feuer jener Sternenwelt.
 Was folgst du mir? Ist es so schwer zu fassen,
 Daß nichts als Haß mich zwang, dich zu verlassen?
HERMIA Du sprichst nicht, wie du denkst: es kann nicht sein!

Hel. Lo: she is one of this confederacy.
  Now I perceiue, they haue conioynd all three,
  To fashion this false sport, in spight of mee.
  Iniurious *Hermia*, most vngratefull maide,
  Haue you conspir'd, haue you with these contriu'd
  To baite mee, with this foule derision?
  Is all the counsell that we two haue shar'd,
  The sisters vowes, the howers that we haue spent,
  When we haue chid the hastie footed time,
  For parting vs; O, is all forgot?
  All schooldaies friendshippe, childhood innocence?
  VVee, *Hermia*, like two artificiall gods,
  Haue with our needles, created both one flower,
  Both on one sampler, sitting on one cushion,
  Both warbling of one song, both in one key;
  As if our hands, our sides, voyces, and mindes
  Had bin incorporate. So wee grewe together,
  Like to a double cherry, seeming parted;
  But yet an vnion in partition,
  Two louely berries moulded on one stemme:
  So with two seeming bodies, but one heart,
  Two of the first life coats in heraldry,
  Due but to one, and crowned with one creast.
  And will you rent our auncient loue asunder,
  To ioyne with men, in scorning your poore friend?
  It is not friendly, tis not maidenly.
  Our sex, as well as I, may chide you for it;
  Though I alone doe fele the iniury.
Her. I am amazed at your words:
  I scorne you not. It seemes that you scorne mee.
Hel. Haue you not set *Lysander*, as in scorne,
  To follow mee, and praise my eyes and face?

HELENA Ah, sie ist im Bunde mit den zwein!
Nun merke ich, die drei sind ein Verein
Und nur aus lauter Jux zu mir gemein.
Boshafte Hermia! Undankbares Mädchen!
Verschwurst du dich, hast denen dich gesellt,
Mit solch öden Scherzen mich zu hetzen?
Ist das Vertrauen, in das wir uns teilten,
Die schwesterlichen Schwüre, unsre Stunden,
Da wir den Sauseschritt der Zeit verwünschten,
Der uns trennte – O, ist das vergessen?
Die Schulfreundschaft, der Kinderzeiten Unschuld?
Wir, Hermia, zwei kunstfertige Musen,
Erschufen mit zwei Nadeln eine Blume
Auf einem Sticktuch, teilten uns ein Kissen,
Ein Liedchen trällernd für zwei Stimmen, so,
Als wären Hände uns und Schultern, Stimmen
Und Gedanken eins. So wuchsen wir
Zu zweit heran gleich einer Doppelkirsche,
Zwei, wie es schien, doch in der Zweiheit eines,
Zwei süße Früchte aus derselben Blüte.
So zum Schein zwei Körper, doch ein Herz;
In zwei gegliedert, wie zwei Wappenfelder,
Und dennoch eins, bekrönt von einer Zier.
Und du zerreißest unsre alte Liebe,
Mit Männern deine Freundin zu verspotten?
Das ist nicht schön, das ist nicht Mädchenart:
Dafür kann unser ganz' Geschlecht dich schelten,
Mag auch nur ich allein die Kränkung fühlen.
HERMIA Ich staune, wie erregt Ihr sprechen könnt:
Wenn hier wer spottet, scheint mir, seid es Ihr.
HELENA Wer treibt Lysander an, mich zu verfolgen,
Um dies mein Aussehn spöttisch anzupreisen,

          And made your other loue, *Demetrius*
          (Who euen but now did spurne mee with his foote)
          To call mee goddesse, nymph, diuine, and rare,
          Pretious celestiall? VVherefore speakes he this,
          To her he hates? And wherfore doth *Lysander*
          Deny your loue (so rich within his soule)
          And tender mee (forsooth) affection,
          But by your setting on, by your consent?
          VVhat, though I be not so in grace as you,
          So hung vpon with loue, so fortunate?
          (But miserable most, to loue vnlou'd)
          This you should pittie, rather then despise.
Her. I vnderstand not, what you meane by this.
Hel. I doe. Perseuer, counterfait sad lookes:
          Make mouthes vpon mee, when I turne my back:
          Winke each at other, holde the sweete ieast vp.
          This sport well carried, shall bee chronicled.
          If you haue any pitty, grace, or manners,
          You would not make mee such an argument.
          But fare ye well: tis partly my owne fault:
          Which death, or absence soone shall remedy.
Lys. Stay, gentle *Helena*: heare my excuse,
          My loue, my life, my soule, faire *Helena*.
Hel. O excellent!
Herm. Sweete, doe not scorne her so.
Dem. If she cannot entreat, I can compell.
Lys. Thou canst compell no more, then she intreat.
          Thy threats haue no more strength then her weake praise.
          Helen, I loue thee, by my life I doe:
          I sweare by that which I will loose for thee;
          To prooue him false, that saies I loue thee not.
Dem. I say, I loue thee more then he can do.

Und bringt Demetrius, den Liebsten Nummer zwei,
Der eben noch mit Füßen nach mir trat,
Dazu, mich Göttin, Nymphe, Kostbarkeit,
Mich Himmlische zu nennen? Warum das
Der, die er haßt? Und warum weist Lysander
Deine Liebe, die ihn einnimmt, von sich,
Und trägt hier doch wahrhaftig mir sein Herz an,
Wenn nicht mit deinem Anreiz, deinem Zutun?
Steh ich nicht so hoch in Gunst wie du,
So angehimmelt da, so männerglücklich,
Nur elend, ohne Gegenliebe liebend,
Verdien ich Mitgefühl, nicht Schadenfreude.
HERMIA Ich weiß nicht, was mir das besagen soll.
HELENA Ja, tuts. Macht weiter, mimt betroff'ne Blicke,
Zieht mir das Maul, wenn ich den Rücken drehe,
Zwinkert euch zu, treibt euern Jux zum Ende.
Gekonnt gemacht, kommt er noch in die Zeitung.
Wer Mitleid hätte oder nur Manieren,
Der würde nicht zur Witzfigur mich machen.
Doch nun lebt wohl; es ist auch mein Versagen:
Wenn Sterben nicht, soll Abstand bald es bessern.
LYSANDER Bleib, Helena, ich mache alles gut,
Du Liebe, du mein Leben, meine Seele!
HELENA O, sehr gut!
HERMIA   Genug, Geliebter, laß sie.
DEMETRIUS Ich kann's erzwingen, kann sie's nicht erbitten.
LYSANDER Nicht mehr, als sie erbitten kann, erzwingst du;
Dein Drohen wirkt, wie ihr Gewinsel, wenig.
Helena, ich liebe dich, ich schwöre
Bei dem, was ich für dich verlieren will,
Gilt's den, der das bestreitet, zu belehren.
DEMETRIUS Ich liebe, mehr, als er es kann, dich, sag ich.

Lys. If thou say so, withdrawe, and prooue it to.
Dem. Quick come.
Her. *Lysander*, whereto tends all this?
Lys. Away, you *Ethiop*.
Dem. No, no: heele
  Seeme to breake loose: take on as you would follow;
  But yet come not. You are a tame man, go.
Lys. Hang of thou cat, thou bur: vile thing let loose;
  Or I will shake thee from mee, like a serpent.
Her. Why are you growne so rude? What change is this,
  Sweete loue?
Lys. Thy loue? Out tawny *Tartar*, out:
  Out loathed medcine: ô hated potion hence.
Her. Doe you not ieast?
Hel. Yes sooth: and so doe you.
Lys. *Demetrius*, I will keepe my word, with thee.
Dem. I would I had your bond. For I perceiue,
  A weake bond holds you. Ile not trust your word.
Lys. What? should I hurt her, strike her, kill her dead?
  Although I hate her, Ile not harme her so.
Her. What? Can you do me greater harme, then hate?
  Hate mee, wherefore? O me, what newes, my loue?
  Am not I *Hermia*? Are not you *Lysander*?
  I am as faire now, as I was ere while.
  Since night, you lou'd mee; yet since night, you left mee.
  Why then, you left mee (? the gods forbid)
  In earnest, shall I say?
Lys. I, by my life:
  And neuer did desire to see thee more.
  Thefore be out of hope, of question, of doubt:
  Be certaine: nothing truer: tis no ieast,
  That I doe hate thee, and loue *Helena*.

LYSANDER Beweis es, und mit mir ins Dunkel wag dich.
DEMETRIUS Dann komm!
HERMIA   Lysander, wohin soll das führen?
LYSANDER Weg, Mohrin!
DEMETRIUS   Laßt ihn, laßt ihn, denn er tut nur,
  Als bräch er los, damit Ihr es ihm glaubt,
  Doch kommt er nicht. Geht mir, Ihr seid ein Weichling!
LYSANDER Nimm deine Krallen weg! Miststück, laß los,
  Sonst schleudre ich dich weg wie eine Schlange.
HERMIA Was machte Euch so grob? Welch Wechsel tat das,
  Liebster?
LYSANDER   Liebster? Deiner? Rabenaas,
  Zieh ab! Verhaßtes Bittersalz, verschwinde!
HERMIA Du spaßt nicht?
HELENA   Aber ja, genau wie du.
LYSANDER Demetrius, ich halte dir mein Wort.
DEMETRIUS Ich halte von dir nichts, denn wie ich sehe,
  Braucht's wenig Kraft, dich und dein Wort zu halten.
LYSANDER Was, muß ich sie treten, schlagen, morden?
  Ich hasse sie, doch tu ich ihr nicht weh.
HERMIA Was könnte mir mehr wehtun als dein Haß?
  Haß? Wofür? O mir! Was gab es, Freund?
  Bin nicht ich Hermia? Bist nicht du Lysander?
  Ich bin so, wie ich war. Du sprachst bei Nacht,
  Du liebtest mich, bei Nacht verließest du mich.
  Wie, dann verließest du mich – o ihr Götter,
  Ist es wahr, im Ernst?
LYSANDER   Bei meinem Leben,
  Ja, und wünschte, nie mehr dich zu sehn.
  Drum hoff nicht, frag nicht, zweifle nicht; sei sicher,
  Nichts ist wahrer; 's ist kein Spaß, ich hasse
  Dich und liebe Helena.

Her. O mee, you iuggler, you canker blossome,
   You theefe of loue: what, haue you come by night,
   And stolne my loues heart, from him?

Hel. Fine, I faith.
   Haue you no modesty, no maiden shame,
   No touch of bashfulnesse? What, will you teare
   Impatient answeres, from my gentle tongue?
   Fy, fy, you counterfait, you puppet, you.
Her. Puppet? Why so? I, that way goes the game.
   Now I perceiue that she hath made compare,
   Betweene our statures, she hath vrg'd her height,
   And with her personage, her tall personage,
   Her height (forsooth) she hath preuaild with him.
   And are you growne so high in his esteeme,
   Because I am so dwarfish and so lowe?
   How lowe am I, thou painted May-pole? Speake:
   How lowe am I? I am not yet so lowe,
   But that my nailes can reach vnto thine eyes.
Hel. I pray you, though you mocke me, gentleman,
   Let her not hurt me. I was neuer curst:
   I haue no gift at all in shrewishnesse:
   I am a right maid, for my cowardize:
   Let her not strike mee. You perhaps, may thinke,
   Because she is something lower then my selfe,
   That I can match her.
Her. Lower? harke againe.
Hel. Good *Hermia*, do not be so bitter with mee,
   I euermore did loue you *Hermia*,
   Did euer keepe your counsels, neuer wrongd you;
   Saue that in loue, vnto *Demetrius*,
   I tould him of your stealth vnto this wood.

HERMIA O mir!
Du Lügenbraut! Du Schädling! Liebesdiebin!
Kamst Du bei Nacht, wie, und stahlst mir das Herz
Aus meinem Liebsten?
HELENA Damenhaft, beim Himmel!
Kennst du nicht Scham, nicht Mädchenklugheit, weißt
Nicht, wie man sich hält? Willst meiner Zunge
Impertinente Antworten entreißen?
Pfui über dich, du Nachbildung, du Puppe!
HERMIA ›Puppe‹! Ist es das? Ja, jetzt begreif ich,
So geht das Spiel, sie ließ Vergleich anstell'n,
Was unsre Größe angeht; hat auf ihre Länge
Gepocht und mit der Höhe ihrer Stelzen
Eindruck auf ihn gemacht. Bist du so hoch
In seiner Wertschätzung gestiegen, weil ich
So zwergenhaft bin und so bodennah?
Wie bodennah, du angemalter Maibaum?
Sprich: wie bodennah? So bodennah nicht,
Daß meine Nägel nicht an deine Augen reichen.
HELENA Ich bitte Euch, bei allem Jux, ihr Herren,
Laßt das nicht zu. Ich war noch nie auf Streit aus;
Ich bin zum Zanken gänzlich unbegabt;
Ist Kriegsangst mädchenhaft, bin ich ein Mädchen.
Bremst ihren Ausfall. Denkt nur nicht, ich wäre,
Weil sie ein wenig kleiner ist als ich,
Ihr auch gewachsen.
HERMIA ›Kleiner?‹ Hört, 's geht weiter!
HELENA Beste Hermia, seid nicht so schroff.
Ich, der Ihr allzeit lieb wart, Hermia,
Hörte immer auf Euch, hinterging
Euch nie, nur daß, aus Liebe zu Demetrius,
Ich Eure Flucht in diesen Wald ihm sagte.

> He followed you: for loue, I followed him.
> But he hath chid me hence, and threatned mee
> To strike mee, spurne mee; nay to kill mee to.
> And now, so you will let me quiet goe,
> To *Athens* will I beare my folly backe,
> And follow you no further. Let me goe.
> You see how simple, and how fond I am.

Herm. Why? get you gon. Who ist that hinders you?
Hel. A foolish heart, that I leaue here behind.
Her. What, with Lysander?
Hel. With *Demetrius*.
Lys. Be not afraid: she shall not harme thee *Helena*.
Deme. No sir: she shall not, though you take her part.
Hel. O, when she is angry, she is keene and shrewd.
> She was a vixen, when she went to schoole:
> And though she be but little, she is fierce.

Her. Little againe? Nothing but low and little?
> Why will you suffer her to floute me thus?
> Let me come to her.

Lys. Get you gon, you dwarfe;
> You *minimus*, of hindring knot grasse, made;
> You bead, you acorne

Deme. You are too officious,
> In her behalfe, that scornes your seruices.
> Let her alone: speake not of *Helena*,
> Take not her part. For if thou dost intend
> Neuer so little shewe of loue to her,
> Thou shalt aby it.

Lys. Now she holdes me not:
> Now follow, if thou dar'st, to try whose right,
> Of thine or mine, is most in *Helena*.

Deme. Follow? Nay: Ile go with thee, cheeke by iowle.

Er folgte Euch; ich folgte ihm aus Liebe;
Er aber schalt mich, und er drohte mir
Mit Prügeln, Tritten, ja, sogar mit Mord:
Und nun, wenn Ihr mich friedlich gehen laßt,
Trag nach Athen ich meine Torheit wieder,
Und folge Euch nicht länger. Laßt mich gehn:
Ihr seht, wie kindisch und naiv ich bin.
HERMIA Na, dann geh! Wer ist es, der dich hindert?
HELENA Ein blödsinniges Herz, das zu gern bliebe.
HERMIA Was! Bei Lysander?
HELENA   Bei Demetrius.
LYSANDER Hab keine Angst, sie beißt nicht, Helena.
DEMETRIUS Nein, Sir, das nicht, obgleich Ihr zu ihr haltet.
HELENA O, ist sie wütend, ist sie schrill und hart;
    Sie war ein Biest, als wir zur Schule gingen
    Und neigt, so kurz sie sein mag, zur Gewalt.
HERMIA ›Kurz‹ schon wieder? Nichts als ›klein‹ und ›kurz‹?
    Steht ihr dabei, wenn sie mich so verlästert?
    Laßt mich zu ihr hin!
LYSANDER   Verdrück dich, Zwergin,
    Du Minimum, du Wachstumsstörung, Pickel,
    Du Floh, du Kleinteil.
DEMETRIUS   Ihr verausgabt Euch
    Für sie, die Eure Dienstbarkeit verabscheut.
    Laßt sie in Ruh; sprecht nicht von Helena;
    Nehmt nicht für sie Partei; denn habt Ihr vor,
    Ihr, wie auch immer, Liebe zu erzeigen,
    Sollt Ihr's bereun.
LYSANDER   Nun hält sie mich nicht länger:
    Nun folg mir, wagst du's, und wir sehn, wess' Recht
    Auf Helena mehr wiegt, meins oder deins.
DEMETRIUS Dir folgen? Nein, nicht um 'ne Nasenlänge.

Her. You, mistresse, all this coyle is long of you.
   Nay: goe not backe.
Hel. I will not trust you, I,
   Nor longer stay in your curst company.
   Your hands, than mine, are quicker for a fray:
   My legges are longer though, to runne away.
Her. I am amaz'd, and know not what to say.   *Exeunt.*

Ob. This is thy negligence: still thou mistak'st,
   Or else committst thy knaueries wilfully.
Puck. Beleeue mee, king of shadowes, I mistooke.
   Did not you tell mee, I shoud know the man,
   By the *Athenian* garments, he had on?
   And, so farre blamelesse prooues my enterprise,
   That I haue nointed an *Athenians* eyes:
   And so farre am I glad, it so did sort,
   As this their iangling I esteeme a sport.
Ob. Thou seest, these louers seeke a place to fight:
   Hy therefore *Robin*, ouercast the night,
   The starry welkin couer thou anon,
   With drooping fogge as blacke as *Acheron*,
   And lead these teasty Riuals so astray,
   As one come not within anothers way.
   Like to *Lysander*, sometime frame thy tongue:
   Then stirre *Demetrius* vp, with bitter wrong:
   And sometime raile thou like *Demetrius*:
   And from each other, looke thou lead them thus;
   Till ore their browes, death-counterfaiting, sleepe,
   With leaden legs, and Batty wings doth creepe:
   Then crush this hearbe into *Lysanders* eye;
   Whose liquor hath this vertuous property,

Lysander und Demetrius ab.
HERMIA Ihr, Fräulein, all den Krach verursacht Ihr.
  Nein, lauft nicht weg!
HELENA   Ich traue Euch nicht, nein.
  Will auch nicht länger, wo Ihr Gift spritzt, sein.
  Ist Eure Faust auch rasch dabei, zu schlagen,
  Hab ich doch Beine, die mich schneller tragen. *Ab.*
HERMIA Nun steh ich da und weiß nichts mehr zu sagen. *Ab.*
  Oberon, Puck
OBERON Dein Schlendrian! Ständig vertust du dich,
  Falls nicht der Unfug gar Methode hat.
PUCK Glaubt mir, Fürst der Geister, ich vertat mich.
  Spracht Ihr nicht zu mir, du erkennst den Mann,
  Er hat, was Mode in Athen ist, an?
  Insoweit grundlos, mich schief anzusehn,
  Den ich da salbte, der war aus Athen:
  Insoweit freut's mich, daß es sich so fügt,
  Da dies ihr sich Beharken mich vergnügt.
OBERON Du siehst, die Freier streben zum Duell.
  Drum trüb die Nacht ein, Robin, und das schnell;
  Häng das bestirnte Himmelszelt im Nu
  Mit Nebel, schwarz wie Acheron, mir zu,
  Und die Rivalen führ getrennte Wege,
  Daß einer Hand nicht an den andern lege.
  Mal stell die Stimme, als wärst du Lysander,
  Und bring Demetrius schimpfend durcheinander,
  Dann wieder sollst du wie Demetrius schmälen,
  Und dafür sorgen, daß sie sich verfehlen,
  Bis ihre Stirn der Schlaf, der todverwandte
  Bleifüßig schwerbeflügelt übermannte.
  Dann drück dies Kraut aus auf Lysanders Augen,
  Seine Saftkraft wird uns glücklich taugen

    To take from thence all errour, with his might,
    And make his eyebals roule with wonted sight.
    When they next wake, all this derision
    Shall seeme a dreame, and fruitelesse vision.
    And backe to *Athens* shall the louers wend,
    With league, whose date, till death shall neuer end.
    Whiles I, in this affaire, doe thee imploy,
    Ile to my Queene and beg her *Indian* boy:
    And then I will her charmed eye release
    From monsters viewe, and all things shall be peace.
Puck. My Faiery Lord, this must be done with haste.
    For nights swift Dragons cut the clouds full fast,
    And yonder shines *Auroras* harbinger:
    At whose approach, Ghosts, wandring here and there,
    Troope home to Churchyards: damned spirits all,
    That in crosse waies and floods haue buriall,
    Already to their wormy beds are gone:
    For feare least day should looke their shames vpon,
    They wilfully themselues exile from light,
    And must for aye consort with black browed night.
Ober. But we are spirits of another sort.
    I, with the mornings loue, haue oft made sport,
    And like a forrester, the groues may tread
    Euen till the Easterne gate all fiery red,
    Opening on *Neptune*, with faire blessed beames,
    Turnes, into yellow golde, his salt greene streames.
    But notwithstanding, haste, make no delay:
    We may effect this businesse, yet ere day.
Pu. Vp & down, vp & down, I will lead them vp & down:
    I am feard in field & town. *Goblin*, lead them vp & downe.

Und macht jedweden Irrtum ungeschehn,
Daß wie gewünscht die Augäpfel sich drehn.
Erwachen sie, dann soll der ganze Spuk
Ein Albtraum sein und unfruchtbarer Trug;
Und nach Athen soll jedes Paar sich wenden,
Mit Bindungen, die bis zum Tod nicht enden.
Derweil du's tust, erbettle ich geschwind
Von meiner Königin das Inderkind;
Dann sei auch ihr behexter Blick geschieden
Von ihrem Unhold und es herrsche Frieden.
PUCK Mein Elfenherr, da heißt es hinzumachen,
  Die Nacht flieht aus dem Dunst mit ihren Drachen,
  Und dort rückt schon Auroras Herold vor,
  Bei dessen Nahn ein später Geisterchor
  Zum Kirchhof strebt. All die verdammten Seelen,
  Die unterm Kreuzweg sich und in Gewässern quälen,
  Sah man schon lange in ihr Wurmbett gehn,
  Aus Furcht, der Tag könnt ihre Schande sehn:
  Sie schauen, die ihr Licht selbst ausgemacht,
  In Ewigkeit die schwarze Stirn der Nacht.
OBERON Geister von ganz andrer Art sind wir;
  Oft lächelte die Morgenröte mir,
  Wie einem Jäger, der am Waldrand steht,
  Wenn flammend rot des Ostens Tor aufgeht,
  Und Neptuns Salzflut sich im Segensglanz
  Zu flüssig gelbem Gold umwandelt ganz.
  Nichtsdestoweniger sollst du mir springen:
  Vor Tag noch läßt sich das Geschäft vollbringen. *Ab.*
PUCK Rum und um, rum und um,
  Alle dreh ich rum und um;
  Bürger, Bauer, alle dumm:
  Kobold, dreh sie rum und um.

    Here comes one.   *Enter* Lysander.

Lys Where art thou, proud *Demetrius*? Speak thou now.
Rob. Here villaine, drawne & ready. Where art thou?
Lys. I will be with thee straight.
Rob. Follow me then to plainer ground.

               Enter Demetrius.
Deme. Lysander, speake againe.
  Thou runaway, thou coward, art thou fled?
  Speake in some bush. Where doest thou hide thy head?
Rob. Thou coward art thou bragging, to the starres,
  Telling the bushes that thou look'st for warres,
  And wilt not come? Come recreant, come thou childe,
  Ile whippe thee with a rodde. He is defil'd,
  That drawes a sword on thee.
De. Yea, art thou there?
Ro. Follow my voice: weele try no manhood here. *Exeunt.*
Lys. He goes before me, and still dares me on:
  When I come where he calles, then he is gon.
  The villaine is much lighter heel'd then I;
  I followed fast: but faster he did fly;
  That fallen am I in darke vneauen way,
  And here will rest me. Come thou gentle day.
  For if but once, thou shewe me thy gray light,
  Ile finde *Demetrius*, and reuenge this spight.
             Robin, *and* Demetrius.
Robi. Ho, ho, ho: Coward, why comst thou not?
Deme. Abide me, if thou dar'st. For well I wot,
  Thou runst before mee, shifting euery place,
  And dar'st not stand, nor looke me in the face.
  Where art thou now?

Hier kommt Nummer eins!
Lysander
LYSANDER Demetrius, Großmaul, sprich, was treibst denn du?
PUCK Ich warte, Schuft, gezückt, wo bleibst denn du?
LYSANDER Ich bin gleich da.
PUCK Dann folg mir, denn hier kann
Man besser stehn.
Demetrius
DEMETRIUS Lysander? Meld dich, Mann.
Du Drückeberger, Feigling, bist du weg?
Sprich! In's Gebüsch? Wo nahmst du dein Versteck?
PUCK Du feiger Hund willst Sternen imponieren,
Erzählst den Büschen, du willst Kriege führen,
Und kommst nicht? Komm, mein Kleiner, komm, mein
Ich gebe dir die Rute, ehrlos sind [Kind,
Die gegen dich das Schwert ziehn.
DEMETRIUS Bist du da?
PUCK Folg meiner Stimme und dein Tod ist nah. *Beide ab.*
LYSANDER Er geht voraus, schickt mich von hier nach dort;
Bin ich, von wo er rief, dann ist er fort.
Leichtfüßig ist der Bursche, mehr als ich:
So schnell ich lief, so schnell verzog er sich.
Man stolpert hier, daß man nicht weiter mag;
Ich ruhe mich hier aus. Komm, lieber Tag:
Denn zeigst du mir den ersten grauen Schimmer,
Find ich den Kerl und räch mich um so schlimmer.
Puck, Demetrius
PUCK Ho, ho, ho: Feigling, wo bleibt deine Stärke?
DEMETRIUS Besitzt du Mut, dann warte, denn ich merke,
Du rennst vor mir weg, bleibst nirgends stehn,
Und traust dich nicht, mir ins Gesicht zu sehn.
Wo bist du jetzt?

Rob. Come hither: I am here.
De. Nay then thou mockst me. Thou shalt buy this dear,
   If euer I thy face by day light see.
   Now, goe thy way. Faintnesse constraineth mee,
   To measure, out my length, on this cold bed:
   By daies approach looke to be visited.
               Enter Helena.
Hele. O weary night, O long and tedious night,
   Abate thy houres, shine comforts, from the east;
   That I may backe to *Athens*, by day light,
   From these that my poore company detest:
   And sleepe, that sometimes shuts vp sorrowes eye,
   Steale mee a while from mine owne companie. *Sleepe.*
Rob. Yet but three? Come one more.
   Two of both kindes makes vp fower.
   Heare shee comes, curst and sadde.
   Cupid is a knauish ladde,
   Thus to make poore females madde.

Her. Neuer so weary, neuer so in woe,
   Bedabbled with the deaw, and torne with briers:
   I can no further crawle, no further goe:
   My legges can keepe no pase with my desires.
   Here will I rest mee, till the breake of day:
   Heauens shielde *Lysander*, if they meane a fray.
Rob. On the ground, sleepe sound:
   Ile apply your eye, gentle louer, remedy.
   When thou wak'st, thou tak'st
   True delight, in the sight, of thy former ladies eye:
   And the country prouerbe knowne,
   That euery man should take his owne,
   In your waking shall be showen.

PUCK   Komm hierher, ich bin hier.
DEMETRIUS Nein, du foppst mich, doch das büßt du mir,
   Wenn erst das Taglicht zu Gesicht dich bringt.
   Für jetzt hau ab, weil Müdigkeit mich zwingt,
   Mich länglang auf dies feuchte Bett zu strecken.
   Bei Tagesanbruch wird Besuch dich wecken.
              Helena
HELENA O lange Nacht! O Nacht, schwer, ohne Glück,
   Verkürz dich! Leuchte, Trost, mir aus dem Osten,
   Führ mich im Hellen nach Athen zurück,
   Weg von der Lustbarkeit auf meine Kosten.
   Und, Schlaf, der Kummers Augen manchmal schließt,
   Für kurz stiehl mir mich selbst, die mich verdrießt.
PUCK Drei erst? Komm noch eins nach hier,
   Zwei mal jede Art macht vier.
   Da kommt sie schon, vergrätzt, geschwächt:
   Cupido ist ein Henkersknecht,
   Traktiert die armen Weiber schlecht!
              Hermia
HERMIA Betrübt wie nie, wie nie zuvor beschämt,
   Von Tau durchnässt und vom Gestrüpp zerrissen,
   Ist in mir nichts, das länger sich bequemt;
   Mein Fuß will nichts von meinen Wünschen wissen.
   Hier lieg ich, bis sich Sonnenstrahlen breiten.
   Ihr Himmel, schützt Lysander, wenn sie streiten.
PUCK   An der Erde
       Ruh und werde;
       Dir den Blick
       Dreh ich zurück,
      Du Verliebter, auf dein Glück.
       Wirst du wach,
       Werde schwach,

Iacke shall haue *Iill*: nought shall goe ill:
The man shall haue his mare again, & all shall be well.

Enter Queene of Faieries, *and Clowne, and* Faieries: *and the king behinde them.*

Tita. Come sit thee downe vpon this flowry bed,
 While I thy amiable cheekes doe coy,
 And stick musk roses in thy sleeke smooth head,
 And kisse thy faire large eares, my gentle ioy.
Clown. Where's *Pease-blossome*?
Pea. Ready.
Clow. Scratch my heade, *Pease-blossome*. Wher's Moun-
 sieur *Cobweb*? *Cob.* Ready.

Clo. Mounsieur *Cobweb*, good Mounsieur, get you your
 weapons in your hand, and kill me a red hipt Humble Bee,
 on the toppe of a thistle: and good Mounsieur, bring mee
 the hony bagge. Doe not fret your selfe too much, in the
 action, Mounsieur: and good Mounsieur haue a care, the
 honybagge breake not, I wold be loath to haue you ouer-

Fall aufs Knie,
Fällt auf sie,
Die du liebtest, neu dein Blick.
Und was das liebe Sprichwort sagt,
Daß jeder kriegt, wonach er fragt,
Beweist ihr bündig, wenn es tagt.
Jeder Jack kriegt 'ne Jill
Wie er soll oder will;
Der Mann seine Mähre und alle sind still.

IV. AKT
1. Szene

Titania, Zettel, Erbsblüte, Spinnweb, Mottenbein, Senfkorn und andere Elfen, Oberon.

TITANIA Komm auf dies Blumenbett, dir kosen
  Will ich die zarte, liebenswerte Wange,
  Bekränzen dir dein edles Haupt mit Rosen,
  Und küssen dir dein Ohr, das himmlisch lange.
ZETTEL Wo ist Erbsblüte?
ERBSBLÜTE Zur Stelle.
ZETTEL Kratzt mir den Kopf, Mongsieur von Erbsblüte. Wo ist Mongsieur von Spinnweb?
SPINNWEB Zur Stelle.
ZETTEL Mongsieur von Spinnweb, bester Mongsieur, greifen Sie sich Ihre Waffen und schnappen Sie mir 'ne rothüftige Hummel auf 'nem Distelkopf; und, bester Mongsieur, bringen Sie mir den Honigsack. Machen Sie nicht zu viel Gedöns bei der Äktschn, Mongsieur, und geben Sie eine Acht, daß der Honigsack kein Loch kriegt; ich fänds nicht

flowen with a honibag *signior*. Where's Mounsieur *Must-*
tardseede?
Must. Readie.
Clo. Giue me your neafe, Mounsieur *Mustardseede*. Pray
you, leaue your curtsie, good Mounsieur.
Must. What's your will?
Clo. Nothing good Mounsieur, but to helpe Caualery
Cobwebbe, to scratch. I must to the Barbers, Mounsieur.
For me thinkes I am maruailes hairy about the face. And I
am such a tender Asse, if my haire doe but tickle mee, I
must scratch.
Tita. What, wilt thou heare some musique, my sweete
loue?
Clo. I haue a reasonable good eare in musique. Lets
haue the tongs, and the bones.
Tyta. Or, say sweete loue, what thou desirest to eate.

Clo. Truely a pecke of prouander. I could mounch your
good dry Oates. Me thinkes, I haue a great desire to a bot-
tle of hay. Good hay, sweete hay hath no fellow.   (hoord,
Ty. I haue a venturous Fairy, that shall seeke the Squirils
And fetch thee newe nuts.
Clo. I had rather haue a handfull, or two of dryed pease.
But, I pray you, let none of your people stirre me: I haue an
exposition of sleepe come vpon mee.

Tyta. Sleepe thou, and I will winde thee in my armes.
Faieries be gon, and be alwaies away.
So doth the woodbine, the sweete Honisuckle,
Gently entwist: the female Iuy so
Enrings the barky fingers of the Elme.
O how I loue thee! how I dote on thee!

lustig, wenn Sie überquollen wärn von 'nem Honigsack, Signior. Wo ist Mongsieur von Senfkorn?
SENFKORN Zur Stelle.
ZETTEL Reichen Sie mir Ihre Kralle, Mongsieur von Senfkorn. Bitte bleiben Sie bedeckt, bester Mongsieur.
SENFKORN Ihr wünscht?
ZETTEL Nur eins, bester Mongsieur, nämlich daß Sie dem Schöfaljeh Erbsblüte kratzen helfen. Ich sollte zum Barbier, Mongsieur, mich bedeucht, ich bin ums Gesicht rum ganz schön zottig; und kitzlig bin ich, ich Esel, juckt mich mein Fell, gleich muß ich kratzen.
TITANIA Wünschst du Musik zu hören, du mein Liebster?

ZETTEL Ich hab da ein ziemliches Ohr für Musik. Wie wär's mit Kamm und Säge?
TITANIA Sprich, Liebster, was zu speisen du begehrst?
ZETTEL 'ne Raufe voll Futter, ehrlich. Ich könnte Euch glatt trocknen Hafer mampfen. Mich bedeucht, ich habe ein großes Begehren nach 'nem Bündel Heu: gutes Heu, süßes Heu, da geht nix drüber.
TITANIA Einer meiner Elfen ist tollkühn,
Der stiehlt vom Eichhorn frische Nüsse dir.
ZETTEL 'ne Handvoll getrockneter Erbsen wär mir lieber, oder zwei. Hingegen ersuch ich Euch, Eure Leutchen von mir abzuhalten: mich überkommt ein Andrang zum Schlafen.
TITANIA Schlaf du, und mein Arm soll dich umfangen.
Ihr Elfen, ab: bleibt allerwege weg.
So sanft umschlingen Geißblatt, wilder Wein;
Die Efeuranke windet nicht so weiblich
Sich um die Borkenfinger einer Ulme.
O, wie ich dich liebe! Für dich schwärme!

Enter Robin goodfellow.

Ob. Welcome good *Robin*. Seest thou this sweete sight?
  Her dotage now I doe beginne to pittie.
  For meeting her of late, behinde the wood,
  Seeking sweete fauours for this hatefull foole,
  I did vpbraid her, and fall out with her.
  For she his hairy temples then had rounded,
  With coronet of fresh and fragrant flowers.
  And that same deawe which sometime on the buddes,
  Was wont to swell, like round and orient pearles;
  Stood now within the pretty flouriets eyes,
  Like teares, that did their owne disgrace bewaile.
  When I had, at my pleasure, taunted her,
  And she, in milde tearmes, begd my patience,
  I then did aske of her, her changeling childe:
  Which straight she gaue mee, and her Fairy sent
  To beare him, to my bower, in Fairie land.
  And now I haue the boy, I will vndoe
  This hatefull imperfection of her eyes.
  And, gentle *Puck*, take this transformed scalpe,
  From of the heade of this *Athenian* swaine;
  That hee, awaking when the other do,
  May all to *Athens* backe againe repaire,
  And thinke no more of this nights accidents,
  But as the fearce vexation of a dreame.
  But first I will release the Fairy Queene.
    Be, as thou wast wont to bee:
    See, as thou wast wont to see.
    Dians budde, or *Cupids* flower,
    Hath such force, and blessed power.
  Now, my *Titania*, wake you, my sweete Queene.
Tita. My *Oberon*, what visions haue I seene!

Puck

OBERON Willkommen, Robin. Ist das nicht ein Anblick?
Ihr Liebeswahn beginnt, mir leid zu tun:
Denn als ich sie vorhin traf, hinterm Wald,
Schmuck suchend für den hassenswerten Narren,
Gab ich mich vorwurfsvoll und schalt sie aus,
Weil sie ihm die strupp'gen Schläfen krönte
Mit frisch gepflückten Blüten, duftenden;
Und just der Tau, der sonst in ihren Kelchen
Wie Perlen aus dem Orient erschimmert,
Stand nun in ihren schönen Blumenaugen
Wie Tränen, die ihr eignes Los beweinen.
Als ich sie nach Gefallen ausgespottet,
Und sie nur Nachsicht sanft von mir erbeten,
Da fordert' ich das fremde Kind ihr ab,
Sie willigt ein, befiehlt gar ihren Elfen,
Beim Umzug in mein Feenschloß ihm zu helfen.
Und nun, da ich den Jungen habe, will ich
Den bösen Mangel ihres Auges abtun.
Und, guter Puck, nimm den verkehrten Kopf
Vom Schädel dieses Rüpels aus Athen,
Daß, wird er wach, auch er, wie alle andern,
Den Weg zurück zur Stadt antreten kann,
Und sie all das, was diese Nacht sich zutrug,
Für Irrsal eines wüsten Traumes halten.
Doch erst laß mich die Königin erlösen.
   Sei, wie du zu sein gewollt,
   Sieh, wie du zu sehn gesollt:
   Dianas Knospe wird's gelingen,
   Amors Blüte zu bezwingen.
Wacht auf, Titania, meine Königin.
TITANIA Mein Oberon! Wo ich gewesen bin!

     Me thought I was enamourd of an Asse.
Ob. There lyes your loue.
Tita. How came these things to passe?

     O, how mine eyes doe loath his visage now!
Ob. Silence a while. *Robin*, take off this head:
     Titania, musicke call, and strike more dead
     Then common sleepe: of all these, fine the sense.

Ti. Musick, howe musick: such as charmeth sleepe.
                                        (peepe.
Rob. Now, when thou wak'st, with thine own fools eyes
Ob. Sound Musick: come, my queen, take hands with me,
     And rocke the ground whereon these sleepers be.
     Now, thou and I are new in amitie,
     And will to morrow midnight, solemnely
     Daunce, in Duke *Theseus* house triumphantly,
     And blesse it to all faire prosperitie.
     There shall the paires of faithfull louers be
     Wedded, with *Theseus*, all in iollitie.
Rob. Fairy King, attend, and marke:
     I do heare the morning Larke.
Ob. Then my Queene, in silence sad,
     Trippe we after nights shade:
     We, the Globe, can compasse soone,
     Swifter then the wandring Moone.
Tita. Come my Lord, and in our flight,
     Tell me how it came this night,
     That I sleeping here was found,
     With these mortals on the ground.   *Exeunt.*
           Enter Theseus *and all his traine.*   *VVinde horne.*
The. Goe one of you, finde out the forrester:

Mir war, als hielt ein Esel mich umfangen.
OBERON Da liegt der Freund.
TITANIA Wie ist das zugegangen?
Wie wurde ich zu eines Esels Braut?
O, wie mir nun vor der Visage graut!
OBERON Geduld. Robin, weg den Kopf, sei brav.
Titania, Musik! Mit mehr als Schlaf
Legt mir die Sinne dieser fünf hier still,
Weil ich mit Euch den Rundtanz tanzen will.
TITANIA Musik, ihr! Macht Musik, aus Nacht erschaffen!
Leise Musik. Puck nimmt Zettel den Eselskopf ab
PUCK Erwacht darfst du mit eignen Glotzern gaffen.
OBERON Nun spielt, Musik! Kommt, Königin, die Hand:
Die Erde bebe, an die Schlaf sie bannt.
    Nun haben du und ich sich neu gefunden,
    Und werden, mitternächtlich ungebunden,
    Im Haus des Theseus tanzen unsre Runden,
    Und gern es segnen mit beglückten Stunden.
    Die Liebenden vergaßen ihre Wunden,
    Drei Paare werden freudevoll verbunden.
PUCK Elfenkönig, mach nicht lang,
Ich hör der frühen Lerche Sang.
OBERON Königin, in ernster Pracht
Halten Schritt wir mit der Nacht:
Reisen so schnell um die Welt,
Daß auch nicht der Mond mithält.
TITANIA Kommt, Mylord, und auf dem Flug
Erzählt mir, wie es sich zutrug,
Daß man nächtlich mich im Schlaf
Bei diesen Sterblichen hier traf.
Theseus, Hippolyta, Egeus und Gefolge
THESEUS Geh wer von euch, sucht mir den Forstbeamten;

For now our obseruation is performde.
And since we haue the vaward of the day,
My loue shall heare the musicke of my hounds.
Vncouple, in the westerne vallie, let them goe:
Dispatch I say, and finde the forrester.
Wee will, faire Queene, vp to the mountaines toppe,
And marke the musicall confusion
Of hounds and Echo in coniunction.

Hip. I was with *Hercules* and *Cadmus*, once,
When in a wood of *Creete* they bayed the Beare,
With hounds of *Sparta*: neuer did I heare
Such gallant chiding. For besides the groues,
The skyes, the fountaines, euery region neare
Seeme all one mutuall cry. I neuer heard
So musicall a discord, such sweete thunder.

Thes. My hounds are bred out of the *Spartane* kinde:
So flew'd, so sanded: and their heads are hung
VVith eares, that sweepe away the morning deawe,
Crooke kneed, and deawlapt, like *Thessalian* Buls:
Slowe in pursuit; but matcht in mouth like bels,
Each vnder each. A cry more tunable
Was neuer hollowd to, nor cheerd with horne,
In *Creete*, in *Sparta*, nor in *Thessaly*.
Iudge when you heare. But soft. What nymphes are these?
Egeus. My Lord, this is my daughter heere a sleepe,
And this *Lysander*, this *Demetrius* is,
This *Helena*, old *Nedars Helena*.
I wonder of their being here together.
The. No doubt, they rose vp earely, to obserue
The right of May: and hearing our intent,

Denn nun, nach unsrem Maibegängnis, soll,
Da wir die Vorhut dieses Tages bilden,
Meine Liebste das Konzert genießen,
Das meine Hunde geben. Koppelt sie
Im Westtal los und laßt sie laufen; geht,
Sag ich und sucht den Forstbeamten. Wir,
Königin, ersteigen Bergeshöhe
Und lauschen der melodischen Verschmelzung
Von Hund und Echo im Zusammenklang.

HIPPOLYTA In Kretas Wäldern jagte ich mit Kadmos
Und Herakles, als sie den Bären hetzten
Mit Hunden, die aus Sparta stammten; nie
Zuvor vernahm ich je so edlen Jagdlaut;
Denn nicht die Wälder nur, die Himmel auch,
Die Flüsse, der gesamte Landstrich
War ein Gebell: so wohlgestimmten Mißklang,
So süßen Donner hörte ich nie wieder.

THESEUS Aus Spartas Zucht entstammen meine Hunde,
Sandfarben, schwere Lefzen, ein Gehänge,
Das den Morgentau abfegt; krummbeinig,
Mit einer Wamme wie Thessaliens Bullen,
Kein schneller Spürhund, doch in ihren Kehlen
Wie Glocken aufeinander abgestimmt.
Kein fein'rer Laut klang je zu Ruf und Hornschall
Auf Kreta, noch in Sparta, noch Thessalien.
Urteilt gleich. Still, was sind dies für Nymphen?

EGEUS Mylord, hier liegt Euch meine Tochter, schlafend,
Und hier Lysander; hier Demetrius,
Hier Helena, des alten Nedars Tochter.
Das frag ich mich, was tun sie hier beisammen?

THESEUS Früh aufgestanden sind sie, um gleich uns
Den Maienmorgen zu begeh'n und nahten,

Came heere, in grace of our solemnitie.
But speake, *Egeus*, is not this the day,
That *Hermia* should giue answer of her choyce?
Egeus. It is, my Lord.   (hornes.
These. Goe, bid the huntsmen wake them with their
    Shoute within: they all start up. Winde hornes.
The. Good morrow, friends. Saint *Valentine* is past.
Begin these wood birds but to couple, now?
Lys. Pardon, my Lord.
The. I pray you all, stand vp.
  I know, you two are Riuall enemies.
  How comes this gentle concord in the worlde,
  That hatred is so farre from iealousie,
  To sleepe by hate, and feare no enmitie,
Lys. My Lord, I shal reply amazedly,
  Halfe sleepe, halfe waking. But, as yet, I sweare,
  I cannot truely say how I came here.
  But as I thinke (for truely would I speake)
  And now I doe bethinke mee, so it is;
  I came with *Hermia*, hither. Our intent
  Was to be gon from *Athens*: where we might
  Without the perill of the *Athenian* lawe,
Ege. Enough, enough my Lord: you haue enough.
  I begge the law, the law, vpon his head:
  They would haue stolne away, they would, *Demetrius*,
  Thereby to haue defeated you and me:
  You of your wife, and mee, of my consent:
  Of my consent, that she should be your wife.
Deme. My Lord, faire *Helen* told me of their stealth,
  Of this their purpose hither, to this wood,
  And I in fury hither followed them;
  Faire *Helena*, in fancy following mee.

Bei unsrer Feier Gnade zu erwirken.
Denn, Egeus, sprich, ist heute nicht der Tag,
Da Hermia ihre Wahl zu treffen hat?
EGEUS Er ist es, Herr.
THESEUS Geh und sag, das Jagdhorn soll sie wecken.

Guten Morgen, Freunde. Valentinstag war schon:
Und hier Waldvögel, die sich jetzt erst paaren?
LYSANDER Pardon, Mylord.
THESEUS Ich bitte euch, steht auf.
Ich weiß, ihr seid erbitterte Rivalen:
Wie kommt die schöne Eintracht in die Welt,
Daß Haß so wenig Mißtraun kennt, sich neben
Den Haß zu legen ohne Furcht um's Leben?
LYSANDER Ich kann, Mylord, nur wirre Antwort geben,
Halb wach, halb noch im Schlaf: ich schwör Euch zu,
Ich weiß in Wahrheit nicht, was ich hier tu.
Doch denk ich nach – ich will, was wahr ist, sagen –
Und mich bedenkend, fällt's mir ein, so war es:
Ich kam mit Hermia her; 's war unsre Absicht,
Aus Athen zu fliehn, dahin, wo wir
Dem Arm athenischen Gesetzes nicht –
EGEUS Genug, genug, Mylord, Ihr habt genug gehört!
Reif ist sein Kopf für Recht und für Gesetz!
Sie hätten sich davongestohlen, hätten
Dich und mich, Demetrius, beraubt:
Dich um dein Weib, mich um mein Vaterwort
Mein Vaterwort, daß sie dein Weib sein würde.
DEMETRIUS Helena, Herr, verriet mir ihr Geheimnis
Und daß in diesen Wald sie fliehen wollten;
Und ich, erbost, ging ihnen hierher nach,
Und Helena, verliebt, ging mir nach. Aber,

　　　　But my good Lord, I wote not by what power
　　　　(But by some power it is) my loue,
　　　　To *Hermia* (melted as the snowe)
　　　　Seemes to me now as the remembrance of an idle gaude,
　　　　Which in my childehoode I did dote vpon:
　　　　And all the faith, the vertue of my heart,
　　　　The obiect and the pleasure of mine eye,
　　　　Is onely *Helena*. To her, my Lord,
　　　　Was I betrothed, ere I see *Hermia*:
　　　　But, like a sicknesse, did I loath this foode.
　　　　But, as in health, come to my naturall taste,
　　　　Now I doe wish it, loue it, long for it,
　　　　And will for euermore be true to it.
The. Faire louers, you are fortunately met.
　　　Of this discourse, we more will here anon.
　　　Egeus, I will ouerbeare your will:
　　　For in the Temple, by and by, with vs,
　　　These couples shall eternally be knit.
　　　And, for the morning now is somthing worne,
　　　Our purpos'd hunting shall be set aside.
　　　Away, with vs, to *Athens*. Three and three,
　　　Weele holde a feast, in great solemnitie. Come *Hyppolita*.

Deme. These things seeme small and vndistinguishable,
　　　　Like farre off mountaines turned into clouds.
Her. Me thinks I see these things, with parted eye,
　　　When euery thing seemes double.
Hel. So mee thinkes:
　　　And I haue found *Demetrius*, like a iewell,
　　　Mine owne, and not mine owne.
Dem. Are you sure
　　　That we are awake? It seemes to me,

Herr, durch irgendeine Macht, durch welche
Weiß ich nicht, nur mächtig war sie, schmolz
Wie Schnee, wenn's taut, zu Hermia die Liebe;
Sie scheint mir fern jetzt, wie ein dummes Spielzeug,
Dem man als Kind nur närrisch angehangen;
Und meine Treue, meine Herzensneigung,
Der Blick aus meinen Augen gilt allein
Der schönen Helena. Mit ihr, Mylord,
War ich verlobt, bevor ich Hermia sah;
Doch wie ein Kranker wollte ich nicht essen:
Gesundet nun, kehrt der Geschmack mir wieder,
Ich will es nun, ich liebe, wünsche es,
Und dabei bleiben, wenn's nach mir geht, wird es.

THESEUS Ihr Liebenden habt glücklich euch versammelt;
Von dem, was vorging, hör'n wir später mehr.
Egeus, Eurem Antrag folg ich nicht,
Im Tempel nämlich, uns zur Seite, wird
Dieses Paar vereint, und dies, auf ewig.
Und abgeblichen, wie der Morgen ist,
Wird unser Jagdvorhaben ausgesetzt;
Auf nach Athen mit uns, wo drei und drei
Die Glückszahl unsrer großen Feier sei.
Nun komm, Hippolyta.

DEMETRIUS Scheint sehr entfernt, das alles, und verwischt,
Wie Gipfel, die in Wolken übergehn.

HERMIA Mir ist, als schielte ich: das eine Auge
Sieht andres als das andre.

HELENA   So gehts mir;
Als hätte ich Demetrius gefunden
Wie ein Juwel, jetzt meins und doch nicht meins.

DEMETRIUS Glaubt ihr, wir sind wach? Mir scheint, wir liegen
Noch im Schlaf und träumen. Ist euch auch so,

That yet we sleepe, we dreame. Do not you thinke,
The Duke was here, and bid vs follow him?
Her. Yea, and my father.
Hel. And *Hyppolita*.
Lys. And he did bid vs follow to the Temple.
Dem. Why then, we are awake: lets follow him, and by
the way lets recount our dreames.

Clo. When my cue comes, call mee, and I will answere.
My next is, most faire *Pyramus*. Hey ho. *Peeter Quince*?
Flute, the bellowes mender? *Snout* the tinker? *Starueling*?
Gods my life! Stolne hence, and left mee a sleepe? I haue
had a most rare vision. I haue had a dreame, past the wit
of man, to say; what dreame it was. Man is but an Asse, if
hee goe about expound this dreame. Me thought I was,
there is no man can tell what. Me thought I was, and me
thought I had. But man is but patcht a foole, If hee will
offer to say, what mee thought I had. The eye of man
hath not heard, the eare of man hath not seene, mans
hand is not able to taste, his tongue to conceiue, nor his
hearte to report, what my dreame was. I will get *Peter Quince* to write a Ballet of this dreame: it shall be
call'd *Bottoms Dreame*; because it hath no bottome: and
I will sing it in the latter end of a Play, before the Duke.
Peraduenture, to make it the more gratious, I shall sing
it at her death.

Als ob der Herzog hier war und uns einlud?

HERMIA Ja, und mein Vater.
HELENA Und Hippolyta.
LYSANDER Uns einlud, in den Tempel ihm zu folgen.
DEMETRIUS Nun also, wir sind wach: wir folgen ihm,
Und unser Thema unterwegs sind unsre Träume.
Alle ab.
ZETTEL Bei meim Hieb- und Stichwort ruft und ich komm raus. Nächstes ist ›Schönster Pyramus‹. Heho, Peter Zwing? Falz, der Balgmacher? Tülle, der Kesselschmied? Kümmerling? Gottsverdammich! Haun ab und lassen mich hier pennen! Ich hatte ein äußerst absonderliches Nachtgesicht. Ich hatte einen Traum, es geht über Menschenverstand, zu sagen, was für'n Traum das war. Der Mensch muß 'n Esel sein, der den Traum deuten wollte. Mir war, ich wär – kein Mensch kann sagen was. Mir war, ich wär – und mir war, ich hatte – aber der Mensch macht'n kunterbunten Narren aus sich, der sich erbietet, zu sagen, was mir war, das ich hatte. Des Menschen Auge hat nicht gehört, des Menschen Ohr hat nicht gesehn, des Menschen Hand kann nicht schmecken, seine Zunge nicht fassen, noch sein Herz rapportieren, was für'n Traum das war, meiner. Ich will Peter Zwing dazu kriegen, 'ne Ballade von dem Traum zu schreiben: sie soll heißen ›Der Zetteltraum‹, weil seine Fäden so kurios gezettelt sind. Und singen will ich sie am letzten Schluß von 'nem Schauspiel vor dem Herzog. Oder ich könnte, das würde mehr Eindruck machen, sie wie zufällig singen, aus Anlaß von ihr'm Ableben. *Ab.*

Enter Quince, Flute, Thisby *and the rabble.*

Quin. Haue you sent to *Bottoms* house? Is he come home, yet?
Flut. Hee cannot be heard of. Out of doubt he is transported.
Thys. If hee come not, then the Play is mard. It goes not forward. Doth it?
Quin. It is not possible. You haue not a man, in all *Athens*, able to discharge *Pyramus*, but he.
Thys. No, hee hath simply the best wit of any handycraftman, in *Athens*.
Quin. Yea, and the best person to, and hee is a very Paramour, for a sweete voice.
This. You must say, Paragon. A Paramour is (God blesse vs) a thing of nought.

Enter Snug, *the Joyner.*

Snug. Masters, the Duke is comming from the Temple, and there is two or three Lords and Ladies more married. If our sport had gon forward, wee had all beene made men.
Thys. O sweete bully *Bottome*. Thus hath hee lost six pence a day, during his life: hee coulde not haue scaped sixe pence a day. And the Duke had not giuen him six pence a day, for playing *Pyramus*, Ile be hanged. He would haue deserued it. Six pence a day, in *Pyramus*, or nothing.

Enter Bottom.

Bot. Where are these lads? Where are these harts?
Quin. *Bottom*, ô most couragious day! O most happy

2. Szene

Zwing, Falz, Tülle und Kümmerling

ZWING Habt ihr zu Zettels Haus geschickt? Ist er heimgekommen?

KÜMMERLING Von dem hört keiner mehr nichts. Der ist transportiert, kein Zweifel.

FALZ Kommt er nicht, fällt das Stück ins Wasser: da läuft nichts mehr, oder?

ZWING Ausgeschlossen. In ganz Athen gibts keinen zweiten, der euch den Pyramus so hinlegt wie er.

FALZ Nee, er hat von allen Handwerkern Athens schlicht die meiste Grütze.

ZWING Genau, und macht euch am meisten her; und was die schöne Stimme angeht, ist er der geborne Amator.

FALZ Ihr müßt Amatör sagen, Amator ist, helf Gott, was unanständiges.

Schmieg

SCHMIEG Meisters, der Herzog kommt eben vom Tempel, und da sind noch zwei oder drei Lords und Ladies verheiratet. Wär's mit unserm Jokus glatt gegangen, wir wär'n alle gemachte Männer.

FALZ O lieber, herrlicher Zettel! So hat er 'n Sixpence pro Tag verlorn für den Rest seines Lebens; 'n Sixpence pro Tag war ihm sicher. Ich will gehängt sein, wenn der Herzog ihm nicht 'n Sixpence pro Tag bewilligt hätte für seinen Pyramus. Verdient wärs gewesen: 'n Sixpence pro Tag wegen Pyramus oder Rand halten!

Zettel

ZETTEL Wo stecken die Brüder? Wo stecken die Herzchen?

ZWING Zettel! O siegreichster Tag! O glücklichste Stunde!

houre!

Bott. Masters, I am to discourse wonders: but aske me
not what. For if I tell you, I am not true *Athenian*. I will
tell you euery thing right as it fell out.

Quin. Let vs heare, sweete *Bottom*.

Bot. Not a word of mee. All that I will tell you, is, that
the Duke hath dined. Get your apparrell together, good
strings to your beardes, new ribands to your pumpes,
meete presently at the palace, euery man looke ore his part.
For, the short and the long is, our play is preferd. In any
case let *Thisby* haue cleane linnen: and let not him, that
plaies the Lyon, pare his nailes: for they shall hang out
for the Lyons clawes. And most deare Actors, eate no O-
nions nor garlicke: for we are to vtter sweete breath: and
I do not doubt but to hear them say, it is a sweete Comedy.
No more wordes. Away, go away.

ZETTEL Meisters, ich kann Wunder diskuriern: fragt mich nur nicht, welche; denn verrat ichs euch, bin ich kein guter Athener mehr. Ich erzähl euch alles, nach der Reihe.
ZWING Wir hören, lieber Zettel.
ZETTEL Von mir kein Wort. Was ich euch sagen kann, ist, der Herzog hat gespeist. Sammelt eure Siebensachen ein, verstärkt die Bartbänder, zieht neue Schnürsenkel ein; nichts wie ab zum Palast. Jedermann geht seine Rolle durch; denn das Kurze von dem Langen ist, unser Stück ist im Rennen. Auf jeden Fall braucht Thisbe frische Wäsche, und wer den Löwen spielt, darf nicht seine Nägel kappen, weil, sie müssen raushängen als Löwenklauen. Und, liebwerteste Darsteller, nehmt weder Zwiebeln noch Knoblauch zu euch, denn wir haben geruchlos vorzutragen; und dann, keine Frage, werden wir sie sagen hörn, das ist 'ne Komödie, die uns nicht stinkt. Kein Wort mehr. Abgang! Geht ab!

Enter Theseus, Hyppolita, *and* Philostrate.

Hip. Tis strange, my *Theseus*, that these louers speake of.
The. More straunge then true. I neuer may beleeue
These antique fables, nor these Fairy toyes.
Louers, and mad men haue such seething braines,
Such shaping phantasies, that apprehend more,
Then coole reason euer comprehends. The lunatick,
The louer, and the Poet are of imagination all compact.
One sees more diuels, then vast hell can holde:
That is the mad man. The louer, all as frantick,
Sees *Helens* beauty in a brow of *Ægypt*.
The Poets eye, in a fine frenzy, rolling, doth glance
From heauen to earth, from earth to heauen. And as
Imagination bodies forth the formes of things
Vnknowne: the Poets penne turnes them to shapes,
And giues to ayery nothing, a locall habitation,
And a name. Such trickes hath strong imagination,
That if it would but apprehend some ioy,
It comprehends some bringer of that ioy.
Or in the night, imagining some feare,
How easie is a bush suppos'd a Beare?

Hyp. But, all the story of the night told ouer,
And all their minds transfigur'd so together,
More witnesseth than fancies images,
And growes to something of great constancy:
But howsoeuer, strange and admirable.

V. AKT
1. Szene

Theseus, Hippolyta, Philostrat, Gefolge

HIPPOLYTA Befremdlich ist, was diese Paare sagen.
THESEUS Befremdlich wohl, wahr weniger. Ich glaube
 Verstaubten Fabeln nicht und Feenmärchen.
 Verliebten und Verrückten kocht das Hirn so,
 Schlägt so die Phantasie aus und kennt dann
 Mehr, als Vernunft kühl anerkennen darf.
 Der Spinner, der Verliebte und der Dichter
 Besteht aus nichts als seiner Einbildung:
 Der sieht mehr Teufel, als die Hölle faßt,
 Das ist der Irre. Der Verliebte, ähnlich,
 Sieht Helena strohblond, trotz schwarzer Locken:
 Des Dichters Auge rollt in schönem Wahn
 Vom Himmel auf die Erde und zurück;
 Und wie die Einbildung dem Unsichtbaren
 Zur Gegenwart verhilft, so leiht die Feder
 Des Dichters ihm Gestalt, erschafft aus Nichts
 Das Ding mit Antlitz, Namen und Adresse.
 So trickreich wirkt die starke Einbildung,
 Daß sie, steht ihr der Sinn nach nichts als Freude,
 Sogleich sich einen Anlaß schafft zur Freude;
 Wie eingebild'te Furcht uns, ist es Nacht,
 Aus jedem Busch gleich einen Bären macht.
HIPPOLYTA Doch nimmt man die Geschichte dieser Nacht,
 Und wie ihr Fühlen umgeschaffen wurde,
 Spricht daraus mehr als bloßer Liebeswahn,
 Und etwas von Bedeutung zeigt sich an,
 Doch zugleich fremd und staunenswert.

Enter Louers; Lysander, Demetrius, Hermia *and* Helena.

The. Here come the louers, full of ioy and mirth.
 Ioy, gentle friends, ioy and fresh daies
 Of loue accompany your hearts.
Lys. More then to vs, waite in your royall walkes, your boorde, your bedde. (haue,
The. Come now: what maskes, what daunces shall wee
 To weare away this long age of three hours, betweene
 Or after supper, & bed-time? Where is our vsuall manager
 Of mirth? What Reuels are in hand? Is there no play,
 To ease the anguish of a torturing hower? Call *Philostrate*.

Philostrate. Here mighty *Theseus*.
The. Say, what abridgement haue you for this euening?
 What maske, what musicke? How shall we beguile
 The lazy tyme, if not with some delight?

Philost. There is a briefe, how many sports are ripe.
 Make choyce, of which your Highnesse will see first.
The. The battell with the *Centaures* to be sung,
 By an *Athenian* Eunuche, to the Harpe?
 Weele none of that. That haue I tolde my loue,
 In glory of my kinsman *Hercules*.
 The ryot of the tipsie *Bachanals*,
 Tearing the *Thracian* singer, in their rage?
 That is an olde deuise: and it was plaid,
 When I from *Thebes* came last a conquerer.
 The thrise three Muses, mourning for the death
 Of learning, late deceast, in beggery?
 That is some *Satire* keene and criticall,

Lysander, Demetrius, Hermia, Helena

THESEUS Da kommen sie, vergnügt und unbeschwert.
Ihr Freunde, Liebesglück sei euren Herzen
Neu beschieden.
LYSANDER   Mehr als uns das Euch,
Für Eure hohen Wege, Tisch und Bett!
THESEUS Kommt; wie bringen wir die lange Zeit
Herum, nachdem wir aßen, bis das Bett ruft?
Mit Maskeraden etwa oder Tänzen?
Wo steckt denn unser werter Spaßminister?
Ist Kurzweil vorbereitet? Gibt's ein Schauspiel,
Das uns die schwere Wartezeit erleichtert?
Ruft Philostrat.
PHILOSTRAT   Hier, großer Theseus.
THESEUS   Sprich,
Wie verkürzt du uns den Abend? Maskeraden?
Musik? Wie überlisten wir die Schnecke
Zeit, wenn nicht durch Unterhaltung?
PHILOSTRAT Hier steht, was dazu vorbereitet wurde:
Wählt, was Eure Hoheit sehen will.
THESEUS ›Die Zentaurenschlacht, Gesang zur Harfe,
Als Sänger ein athenischer Kastrat‹?
Das nicht; das hab ich der Geliebten selbst
Erzählt zum Ruhm von Vetter Herkules.
›Der bezechten Bakchen Schwarm, wie sie
Den Orpheus in der Raserei zerreißen‹?
Das ist ein alter Hut, das gab es schon,
Als ich von der Erob'rung Thebens kam.
›Die drei mal drei Musen, um den Tod
Der bettelarm verstorbnen Bildung weinend‹?
Das ist Satire, unverschämt und kritisch,

Not sorting with a nuptiall ceremony.
A tedious briefe Scene of young *Pyramus*
And his loue *Thisby*; very tragicall mirth?
Merry, and tragicall? Tedious, and briefe? That is hot Ise,
And wōdrous strange snow. How shall we find the cōcord
Of this discord?

Philost. A Play there is, my Lord, some ten words long;
Which is as briefe, as I haue knowne a play:
But, by ten words, my Lord it is too long:
Which makes it tedious. For in all the Play,
There is not one word apt, one player fitted.
And tragicall, my noble Lord, it is. For *Pyramus*,
Therein, doth kill himselfe. Which when I saw
Rehearst, I must confesse, made mine eyes water:
But more merry teares the passion of loud laughter
Neuer shed.

These. What are they, that doe play it?

Phil. Hard handed men, that worke in *Athens* here,
Which neuer labour'd in their minds till now:
And now haue toyled their vnbreathed memories,
With this same Play, against your nuptiall.

The. And wee will heare it.

Phi. No, my noble Lord, it is not for you. I haue heard
It ouer, and it is nothing, nothing in the world;
Vnlesse you can finde sport in their ententes,
Extreamely stretcht, and cond with cruell paine,
To do you seruice.

The. I will heare that play. For neuer any thing
Can be amisse, when simplenesse and duety tender it.
Goe bring them in, and take your places, Ladies.

Unpassend für ein hochzeitliches Fest.
›Ein länglich kurzes Stück von Pyramus
Und seiner Thisbe, tragische Komödie‹?
Komik plus Tragik? Kurz und dennoch länglich?
Das wäre heißes Eis und Wunderschnee!
Wo mag die Eintracht in der Zwietracht stecken?
PHILOSTRAT Das ist ein Stück, Herr, kaum zehn Sätze lang,
Ich habe noch kein kürzres Stück gesehn;
Doch um zehn Sätze, Herr, ist es zu lang,
Und daher länglich. Denn in diesem Stück
Stimmt nicht ein Wort, kein Darsteller ist passend.
Und tragisch, edler Herr, ist es insofern,
Als Pyramus darin sich selbst entleibt;
Was mir, als ich die Probe sah, gesteh ich,
Das Wasser in die Augen trieb, ich habe
Tränen lachen müssen wie noch nie.
THESEUS Wer sind die Spieler?
PHILOSTRAT   Arbeiter der Faust
Und nicht der Stirn, hier in Athen zu Hause,
Die mit dem Stück den ungeübten Brägen
Gemartert haben Eurer Hochzeit halber.
THESEUS Und das nehmen wir.
PHILOSTRAT   Nein, edler Herr,
Das ist nichts für Euch: ich hab's gesehen,
Und es ist nichts, ist in der Welt Euch nichts;
Es sei denn, Ihr habt Spaß an ihrer Absicht,
Extrem bemüht und grausam unbeholfen,
Euch zu dienen.
THESEUS   Ich will dieses Stück sehn;
Denn nie kann etwas ganz und gar verfehlt sein,
Wenn Einfachheit und Pflichtgefühl es tragen.
Geht, holt sie her; und, Ladies, ihr nehmt Platz.

Hip. I loue not to see wretchednesse orecharged;
   And duery, in his seruice, perishing.
The. Why, gentle sweete, you shall see no such thing.
Hip. He sayes, they can doe nothing in this kinde.
The. The kinder we, to giue them thanks, for nothing.
   Our sport shall be, to take what they mistake.
   And what poore duty cannot doe, noble respect
   Takes it in might, not merit.
   Where I haue come, great Clerkes haue purposed
   To greete me, with premeditated welcomes;
   Where I haue seene them shiuer and looke pale,
   Make periods in the midst of sentences,
   Throttle their practiz'd accent in their feares,
   And in conclusion dumbly haue broke off,
   Not paying mee a welcome. Trust me, sweete,
   Out of this silence, yet, I pickt a welcome:
   And in the modesty of fearefull duty,
   I read as much, as from the rattling tongue
   Of saucy and audacious eloquence.
   Loue, therefore, and tong-tide simplicity,
   In least, speake most, to my capacity.
Philost. So please your Grace, the Prologue is addrest.
Duk. Let him approach.

           Enter the Prologue.

Pro. If wee offend, it is with our good will.
   That you should thinke, we come not to offend,
   But with good will. To shew our simple skill,
   That is the true beginning of our end.
   Consider then, we come but in despight.
   We doe not come, as minding to content you,
   Our true intent is. All for your delight,
   Wee are not here. That you should here repent you,

HIPPOLYTA Ich mag's nicht, wenn sich Elend übernimmt,
    Und schlecht erfüllte Pflicht sich untergräbt.
THESEUS Wieso, Geliebte, dazu wird's nicht kommen.
HIPPOLYTA Er sagt, sie können nichts in dieser Kunst.
THESEUS Dann ist es artig, für dies Nichts zu danken.
    Dem Mißverstand folgt freundlich der Verstand.
    Und wo das arme Pflichtgefühl nicht hinreicht,
    Nimmt Edelmut die Absicht für die Tat.
    Wohin ich kam, war'n große Geister willens,
    Mit wohlgesetzten Reden mich zu grüßen;
    Ich sah, wie sie erbebten und erbleichten,
    Stockten, mitten in den Sätzen, Furcht
    Die Zungenfertigkeit abwürgte, schließlich
    Verstummen eintrat und der Gruß entfiel.
    Glaube mir, Geliebte, aus der Stille
    Bezog ich meinen Gruß, und aus dem Schweigen
    Der furchtsam abgebroch'nen Pflichtausübung
    Las ich fast mehr noch, als aus dem Geschnatter
    Der unerschrockenen Beredsamkeit.
    Die Liebe und der zungenlahme Simpel
    Zeigen stumm uns desto bunt're Wimpel.
PHILOSTRAT Beliebts Eur' Gnaden, der Prolog wär fertig.
THESEUS Laßt ihn kommen.
    Zwing, als Prolog
PROLOG »Mißfallen wir, so ist das unser Wollen
    Nicht. Gekommen sind wir, zu gefallen
    Mit unsrer simplen Kunst. Respekt zu zollen,
    Ist der Beginn des Endes von uns allen.
    Bedenket stets, nur um Euch zu entsetzen.
    Kamen wir wohl kaum. Daß Ihr Euch freut,
    Das ist die Absicht. Euch schwer zu ergötzen
    Sind wir hier, nicht daß Ihr es bereut.

> The Actors are at hand: and, by their showe,
> You shall know all, that you are like to knowe,

The. This fellow doth not stand vpon points.

Lys. He hath rid his Prologue, like a rough Colte: hee knowes not the stoppe. A good morall my Lord. It is not enough to speake; but to speake true.

Hyp. Indeed he hath plaid on this Prologue, like a child on a Recorder, a sound; but not in gouernement.

The. His speach was like a tangled Chaine; nothing impaired, but all disordered. Who is next?

Enter Pyramus, *and* Thisby, *and* Wall, *and* Mooneshine, *and* Lyon.

Prologue. Gentles, perchance you wonder at this show.
But, wonder on, till truthe make all things plaine.
This man is *Pyramus*, if you would knowe:
This beautious Lady *Thisby* is certaine.
This man, with lyme and roughcast, doth present
Wall, that vile wall, which did these louers sunder:
And through wals chinke, poore soules, they are content
To whisper. At the which, let no man wonder.
This man, with lanterne, dogge, and bush of thorne,
Presenteth moone-shine. For if you will know,
By moone-shine did these louers thinke no scorne
To meete at *Ninus* tombe, there, there to wooe.
This grizly beast (which Lyon hight by name)
The trusty *Thysby*, comming first by night,
Did scarre away, or rather did affright:
And as she fled, her mantle she did fall:
Which Lyon vile with bloody mouth did staine.
Anon comes *Pyramus*, sweete youth, and tall,
And findes his trusty *Thisbyes* mantle slaine:

Schauspieler sind zur Stelle, und ihr Spiel
Zeigt Euch genug und dennoch nicht zuviel.«
THESEUS Mit Satzzeichen steht der Bursche auf Kriegsfuß.
LYSANDER Er ist durch seinen Prolog galoppiert wie ein Einjähriger, der sich nicht zügeln läßt. Eine gute Lehre, Mylord: Reden genügt nicht, man muß wissen, was man sagen will.
HIPPOLYTA Wirklich, er hat seinen Prolog gespielt wie ein Kind die Blockflöte: Töne, aber die falschen.
THESEUS Sein Vortrag glich einer verknäulten Kette: nicht gerissen, nur verwickelt. Jetzt kommt wer?

Trompeter. Dann Zettel als Pyramus, Falz als Thisbe, Tülle als Mauer, Kümmerling als Mondschein, Schmieg als Löwe.

PROLOG »Ihr Edlen, wundert euch, was ihr hier seht,
So wundert euch, bis alles sich erweist.
Der Mann ist Pyramus, wie er hier steht,
Währ'nd diese feine Lady Thisbe heißt.
An dem Mann hier soll Lehm und Putz erzählen,
Er ist die Mauer, die die Liebsten scheidet,
Durch deren Ritze sie, die armen Seelen,
Flüstern. Wofür niemand sie beneidet.
Der Mann mit Reisig, Hund und der Laterne
Stellt Mondschein vor, und wollt ›warum‹ ihr frägen,
Ist's, weil die Liebenden im Mondschein gerne
Bei Ninus' Grabmal, da im Arm sich lägen.
Die wilde Bestie nun, Löwe geheißen,
Erschien der treuen Thisbe zu der Nacht,
Da sie zuerst kam, wie um sie zu beißen,
Und schreckt sie oder hat ihr Angst gemacht;
Und als sie enteilte, fiel ihr Mantel,
Den gleich des Löwen blutig Maul zerriß.
's naht Pyramus mit kühn-verliebtem Wandel

Whereat, with blade, with bloody blamefull blade,
He brauely broacht his boyling bloody breast.
And *Thisby*, tarying in Mulberry shade,
His dagger drewe, and dyed. For all the rest,
Let *Lyon*, *Moone-shine*, *Wall*, and louers twaine,
At large discourse, while here they doe remaine.

The. I wonder, if the Lyon be to speake.
Demet. No wonder, my Lord. One Lyon may, when many Asses doe.
    Exit Lyon, Thysby, *and* Mooneshine.
Wall. In this same enterlude it doth befall,
 That I, one *Flute* (by name) present a wall:
 And such a wall, as I would haue you thinke
 That had in it a cranied hole or chinke:
 Through which the louers, *Pyramus*, and *Thisby*,
 Did whisper often, very secretly.
 This lome, this roughcast, and this stone doth showe,
 That I am that same wall: the truth is so.
 And this the cranie is, right and sinister,
 Through which the fearefull louers are to whisper.
The. Would you desire lime and haire to speake better?

Deme. It is the wittiest partition, that euer I heard discourse my Lord.

The. *Pyramus* drawes neare the wall: silence.
Py. O grim lookt night, o night, with hue so blacke,
 O night, which euer art, when day is not:
 O night, O night, alacke, alacke, alacke,
 I feare my *Thisbyes* promise is forgot.

Und sieht an Thisbes Mantel Löwenbiß:
Worauf er mit dem Blatt, dem blutig bittern,
Die Brust, die brennt, sich blutig brav durchbohrt;
Und Thisbe, unterm Maulbeerbaum mit Zittern
Zieht seinen Dolch und stirbt. Jetzt hat das Wort
Der Löwe, die Verliebten, Mondschein, Mauer:
Ein jegliches für seines Hierseins Dauer.«
Prolog, Pyramus, Thisbe, Löwe, Mondschein ab.
THESEUS Heißt das, frage ich mich, der Löwe kann sprechen?
DEMETRIUS Keine Frage, Mylord; warum nicht der eine Löwe, wo so viele Esel es können.

MAUER »In diesem Zwischenspiel kommt es so hin,
Daß ich, mit Namen Schmieg, 'ne Mauer bin;
Und will, daß Ihr mich für 'ne Mauer haltet,
Die wo ein Schlitz oder 'ne Ritze spaltet,
Wodurch das Pärchen, Pyramus und Thisben,
Sehr häufig heimlich miteinander wispen.
Der Lehm, der Rauhputz und der Stein tun dar,
Ich bin diese Mauer, es ist wahr:
Und hier der Spalt, der durch die Mauer geht,
Wo unser furchtsam Pärchen flüsternd steht.«
THESEUS Kann man von Lehm und Stroh eine bessre Rede verlangen?
DEMETRIUS Ich kenne keine Absperrung, die sich lustiger erklärt hätte, Mylord.
Pyramus
THESEUS Still, Pyramus naht der Mauer.
PYRAMUS »O grimme Nacht! O Nacht, so schwarz seit je!
O Nacht, die du stets bist, wenn Tag nicht ist,
O Nacht, o Nacht, ach weh, ach weh, ach weh,
Ich fürcht, daß meine Thisbe mich vergißt!

>   And thou ô wall, ô sweete, ô louely wall,
>   That standst betweene her fathers ground and mine,
>   Thou wall, ô wall, O sweete and louely wall,
>   Showe mee thy chinke, to blink through, with mine eyne.
>   Thankes curteous wall. *Ioue* shield thee well, for this.
>   But what see I? No *Thisby* doe I see.
>   O wicked wall, through whome I see no blisse,
>   Curst be thy stones, for thus deceiuing mee.
> *The.* The wall mee thinkes, being sensible, should curse
>   againe.
> *Pyr.* No, in truth Sir, he should not. *Deceiuing mee* is
>   *Thisbyes* cue: she is to enter now, and I am to spy
>   Her through the wall. You shall see it will fall
>   Pat as I told you: yonder she comes.   *Enter* Thisby.

> *This.* O wall, full often hast thou heard my mones,
>   For parting my faire *Pyramus*, and mee.
>   My cherry lips haue often kist thy stones;
>   Thy stones, with lime and hayire knit now againe.
> *Pyra.* I see a voice: now will I to the chinke,
>   To spy and I can heare my *Thisbyes* face. *Thysby*?

> *This.* My loue thou art, my loue I thinke.
> *Py.* Thinke what thou wilt, I am thy louers Grace:
>   And, like *Limander*, am I trusty still.
> *This.* And I, like *Helen*, till the fates me kill.
> *Pyra.* Not *Shafalus*, to *Procrus*, was so true.
> *This.* As *Shafalus* to *Procrus*, I to you.
> *Pyr.* O kisse mee, through the hole of this vilde wall.
> *This.* I kisse the walles hole; not your lips at all.
> *Pyr.* Wilt thou, at *Ninnies* tombe, meete me straight way?
> *Thy.* Tide life, tyde death, I come without delay.

Und du, o Mauer, süße, liebe Mauer,
Die ihren Vater von dem meinen trennt,
Du Mauer, o du süße, liebe Mauer,
Zeig mir den Spalt, durch den mein Aug sie kennt.
Dank, gute Mauer: daß dich Zeus erhalte!
Doch seh ich was? Nicht Thisbe kann ich sehn.
O Mauer schlimm, kein Glück zeigt mir die Spalte,
Fluch deinem Stein, mich so zu hintergehn!«

THESEUS Mir scheint, die Mauer, empfindsam wie sie ist, sollte zurückfluchen.

PYRAMUS Nein, meiner Treu, Sir, sollte sie nicht. ›Hintergehn‹ ist Thisbes Schlüsselwort: Sie muß jetzt auftreten, und ich erspähe sie durch die Mauer. Ihr werdet sehn, es geht genau, wie ich Euch sagte: Da kommt sie schon.

Thisbe

THISBE »Du, Mauer, hörtest oft die Seufzer mein,
Die du nicht willst, daß er und ich uns küssen!
Mein roter Mund, oft küßt' er deinen Stein,
Den Lehm und Stroh dann an sich halten müssen.«

PYRAMUS »Ich seh, man spricht; am Ritz ist jetzt mein Platz,
Zu spähn und Thisbes Antlitz zu erhören.
Thisbe?«

THISBE »Liebster, ich glaub, du bists, Schatz!«

PYRAMUS »Glaub was du willst, ich bins, ich kanns beschwören;
Und wie Limander treu und ohne Arg.«

THISBE »Und wie Hera ich, bis in den Sarg.«

PYRAMUS »Der Prokis treu war Scheffalus gleich mir.«

THISBE »Wie Prokis Scheffalus bin ich es dir.«

PYRAMUS O küß mich durch das Loch der schnöden Wand.«

THISBE »Ich küß das Loch, da ich den Mund nicht fand.«

PYRAMUS »Wirst du bei Minus Grab sogleich die meine?«

THISBE »Lebend oder tot, ich bin die Deine.« *Beide ab.*

Wal. Thus haue I, *Wall*, my part discharged so;
And, being done, thus wall away doth goe.
Duk. Now is the Moon vsed between the two neighbors.

Deme. No remedy, my Lord, when wals are so wilfull, to heare without warning.
Dutch. This is the silliest stuffe, that euer I heard.
Duke. The best, in this kinde, are but shadowes: and the worst are no worse, if imagination amend them.

Dutch. It must be your imagination, then; & not theirs.

Duke. If we imagine no worse of them, then they of themselues, they may passe for excellent men. Here come two noble beasts, in a man and a Lyon.

Enter Lyon, *and* Moone-shine.
Lyon. You Ladies, you (whose gentle hearts do feare
The smallest monstrous mouse, that creepes on floore)
May now, perchance, both quake and tremble here,
When Lyon rough, in wildest rage, doth roare.
Then know that I, as *Snug* the Ioyner am
A Lyon fell, nor else no Lyons damme.
For, if I should, as Lyon, come in strife,
Into this place, 'twere pitty on my life.
Duk. A very gentle beast, and of a good conscience.
Deme. The very best at a beast, my Lord, that ere I saw.
Lys. This Lyon is a very fox, for his valour.

Duk. True: and a goose for his discretion.

De. Not so my Lord. For his valour cannot carry his dis-

MAUER »Das war mein, der Mauer, Part und Zweck;
Und, damit fertig, geht die Mauer weg.« *Ab.*
THESEUS Nun sind die beiden Nachbarn um ihre Mauer gekommen.
DEMETRIUS Damit ist zu rechnen, Mylord, wenn die Mauern Ohren haben.
HIPPOLYTA Ich habe noch nie etwas Alberneres gehört.
THESEUS In dieser Kunst sind selbst die Besten nicht mehr als ein Schemen; und schlechter sind auch die Schlechtesten nicht, wenn Vorstellungsvermögen ihnen beispringt.
HIPPOLYTA Das Vermögen Eurer eigenen Vorstellung, nicht das ihrige.
THESEUS Vermögen wir es, sie uns nicht schlechter vorzustellen, als sie sich selber, gehn sie als erstklassige Schauspieler durch. Zwei edle Bestien kommen hier: ein Mann und ein Löwe.

Löwe, Mondschein

LÖWE »Ihr Ladies, deren sanfte Herzen beben,
Kriecht Euch monströs am Boden eine Maus,
Mögt vielleicht fürchten, 's ginge Euch ans Leben,
Brüllt rauh ein Löwe seinen Zorn heraus.
Drum wisset, daß ich Schmieg der Schreiner bin
Im Löwenfell, nicht Löwe, noch Löwin;
Denn hätt ich mich als Löwe herbegeben,
Der Streit sucht, wär's zu schade um mein Leben.«
THESEUS Ein manierliches Biest, und sehr rücksichtsvoll.
DEMETRIUS Das Beste an Biest, das mir vorgekommen ist.
LYSANDER Dieser Löwe ist, was seinen Löwenmut angeht, ein Füchslein.
THESEUS Wohl wahr; und eine Gans, was seine Verschwiegenheit angeht.
DEMETRIUS Das nicht, Mylord, denn sein Mut trägt nicht

cretion: and the fox carries the goose.
Duk. His discretion, I am sure, cannot carry his valour.
For the goose carries not the fox. It is well: leaue it to his
discretion, and let vs listen to the Moone.

Moone. This lanthorne doth the horned moone present.
Deme. He should haue worne the hornes, on his head.
Duk. He is no crescent, and his hornes are inuisible, within the circumference.
Moone. This lanthorne doth the horned moone present,
My selfe, the man ith Moone, doe seeme to be.
Duke. This is the greatest errour of all the rest; the man
should be put into the lanthorne. How is it else the man ith
Moone?
Deme. He dares not come there, for the candle. For,
you see, it is already in snuffe.   (change.
Dutch. I am aweary of this Moone. Would hee woulde

Duke. It appeares, by his small light of discretion, that
hee is in the wane: but yet in curtesie, in all reason, wee
must stay the time.
Lysan. Proceede, Moone.
Moon. All that I haue to say, is to tell you, that the lanthorne is the Moone, I the man ith Moone, this thorne bush
my thorne bush, and this dogge my dogge.

Deme. Why? All these should be in the lanthorne: for all
these are in the Moone. But silence: here comes *Thisby.*
         Enter Thisby.
Th. This is ould *Ninies* tumbe. Where is my loue? *Lyon.* Oh.

seine Verschwiegenheit im Maul wie der Fuchs die Gans.
THESEUS Seine Verschwiegenheit aber kann, da bin ich mir sicher, nicht seinen Mut im Maul tragen, denn die Gans trägt nicht den Fuchs im Maul. Es ist genug: überlassen wir das Weitere seiner Verschwiegenheit, und lauschen wir dem Mond.
MOND »Die Lampe präsentiert des Mondes Hörner – «
DEMETRIUS Er sollte die Hörner auf dem Kopf tragen.
THESEUS Er nimmt nie zu, und seine Hörner bleiben im Schatten.
MOND »Die Lampe präsentiert des Mondes Hörner,
Ich selber tu als Mann im Mond euch scheinen.«
THESEUS Das ist der größte Mißgriff bisher: der Mann muß in der Laterne stecken. Wie kann er sonst der Mann im Mond sein?
DEMETRIUS Er traut sich nicht, wegen der Kerze; denn Ihr seht, sie blakt schon.
HIPPOLYTA Ich mag diesen Mond nicht. Wäre er veränderlich!
THESEUS Sein blakender Unverstand erweckt den Eindruck, er nähme gleich ab; dennoch will die Höflichkeit, will es der Anstand, daß wir ihn gewähren lassen.
LYSANDER Mach weiter, Mond.
MOND Alles, was ich zu reden habe, soll euch klarmachen, daß die Laterne der Mond ist, ich der Mann im Mond, das Reisigbündel mein Reisigbündel, und der Hund mein Hund.
DEMETRIUS Ja, dann gehört das alles in die Laterne, denn alles das ist im Mond. Ruhe: Hier kommt Thisbe.

Thisbe

THISBE »Dies ist Mimus' Grab. Wo ist mein Liebster?«
LÖWE »O – !«

Dem. Well roard, Lyon.
Duke. Well runne, *Thisby*.
Dutchesse. Well shone *Moone*. Truly, the Moone shines,
   with a good grace.
Duk. Well mouz'd, *Lyon*.
Dem. And then came *Pyramus*.
Lys. And so the Lyon vanisht.
                Enter Pyramus.
Pyr. Sweete Moone, I thanke thee, for thy sunny beams.
   I thanke thee, Moone, for shining now so bright.
   For by thy gratious, golden, glittering beames,
   I trust to take of truest *Thisby* sight.
   But stay: ô spight! but marke, poore knight,
   What dreadfull dole is here?
   Eyes do you see! How can it bee!
   O dainty duck, o deare!
   Thy mantle good, what, staind with blood?
   Approach ye Furies fell,
   O fates come, come, cut thread and thrumme,
   Quaile, crush, conclude, and quell.

Duke. This passion, & the death of a deare friend would
   goe neere to make a man looke sad.
Dutch. Beshrewe my heart, but I pitty the man.

Pyr. O, wherefore, Nature, didst thou Lyons frame?
   Since Lyon vilde hath here deflour'd my deare.
   Which is, no, no: which was the fairest dame
   That liu'd, that lou'd, that lik't, that look't with cheere.

DEMETRIUS Gut gebrüllt, Löwe!
THESEUS Gut gerannt, Thisbe!
HIPPOLYTA Gut geschienen, Mond! Ja, was denn, ich finde, der Mond scheint ziemlich graziös.
THESEUS Gut genagt, Löwe!
DEMETRIUS Und dann erschien Pyramus –
LYSANDER Und der Löwe verschwand.
>   *Pyramus*
PYRAMUS »Dank, lieber Mond, für deine Sonnenstrahlen,
Ich dank dir, Mond, daß sie die Nacht verhehlen,
Denn da sie um mich goldgelb glitzernd malen,
Werd ich die treue Thisbe nicht verfehlen.
> Doch halt! O bitter!
> Doch schau, armer Ritter!
> Welch Leiden harret dein?
> Könnt, Augen, ihrs sehn?
> Wie konnt es geschehn?
> O zartes Küken mein!
> Dein Mantel gut,
> Was! Fleckt voll Blut?
> Kommt, kommt, ihr Furien wild!
> O Parzen, herbei,
> Trennt, schneidet entzwei,
> Würgt, malmt, macht Schluß und stillt.«
THESEUS Hörte man das und hätte einen teuren Freund zu beklagen, man wäre versucht, sich gerührt zu fühlen.
HIPPOLYTA Sagt, was Ihr wollt, mir tut nur der Darsteller leid.
PYRAMUS »O mußtest du, Natur, den Löwen bauen,
Damit er sich an meine Liebste machte?
Sie ist – nein, war – die schönste aller Frauen,
Die lebte, liebte, lächelte und lachte.

Come teares, confound, out sword, and wound
The pappe of *Pyramus*:
I, that left pappe, where heart doth hoppe.
Thus dy I, thus, thus, thus.
Now am I dead, now am I fled, my soule is in the sky.
Tongue loose thy light, Moone take thy flight,
Now dy, dy, dy, dy, dy.

Dem. No Die, but an ace for him. For he is but one.
Lys. Lesse then an ace, man. For he is dead, he is nothing.
Duke. With the helpe of a Surgeon, he might yet recouer, and yet prooue an Asse.
Dut. How chance Moone-shine is gone before? *Thisby* comes backe, and findes her louer.
Duk. Shee will finde him, by starre-light. Here shee comes, and her passion ends the Play.

Dut. Me thinkes, she should not vse a long one, for such a *Pyramus*: I hope, she will be briefe.
Demet. A moth will turne the ballance; which *Pyramus*, which *Thisby* is the better: he for a man; God warnd vs: she, for a woman; God blesse vs.

Lys. She hath spied him already, with those sweete eyes.
Deme. And thus she meanes, *videlicet*;
This. A sleepe my loue? What, dead my doue?
 O *Pyramus*, arise,
  Speake, speake. Quite dumbe? Dead, dead? A tumbe

        Kommt, Tränenfluten!
        Heraus, Schwert, bluten
   Soll die Brust dem Pyramo;
        Ja, die linke hier,
        Wos Herz hüpft in ihr:
   So sterb ich, so, so, so!
        Nun bin ich tot,
        Zuende die Not;
   Die Seele fliegt hinauf.
        Mund, geh aus,
        Mond, schließ dein Haus!
   Ich hör auf, auf, auf, auf.«

DEMETRIUS Er ist ein As, er sticht den Buben.
LYSANDER Er ist kein As mehr, er ist Aas.
THESEUS Ein Asinus bleibt er, auch wenn der Doktor ihn wiederbelebt.
HIPPOLYTA Was geht der Mond denn unter, eh Thisbe wiederkommt und findet ihren Liebsten?
THESEUS Weil Sternenlicht genügt, ihn zu finden.

        Thisbe
Da ist sie, und mit ihrer Wehklage endet das Schauspiel.
HIPPOLYTA Eine lange sollte es meiner Meinung nach nicht sein, um solchen Pyramus. Ich hoffe, sie faßt sich kurz.
THESEUS Welche Schale sinkt, ob die des Pyramus, ob die der Thisbe, entscheidet eine Mücke: ists die seine, will Gott nicht Männer Frauen spielen sehn; ists die ihre, will Gott auch Frauen nicht Frauen spielen sehn! Und dann?
LYSANDER Schon haben ihre schönen Augen ihn erspäht.
DEMETRIUS Und sie hebt an wie folgt –
THISBE »Was ruhst du im Staube
        Wie tot, meine Taube?
   O Pyramus, laß dich erwecken!

Must couer thy sweete eyes.
These lilly lippes, this cherry nose,
These yellow cowslippe cheekes
Are gon, are gon: louers make mone:
His eyes were greene, as leekes.
O sisters three, come, come, to mee,
With hands as pale as milke,
Lay them in gore, since you haue shore
With sheeres, his threede of silke.
Tongue, not a word: come trusty sword,
Come blade, my breast imbrew:
And farewell friends: thus Thysby ends:
Adieu, adieu, adieu.

Duke. *Moone-shine* and *Lyon* are left to bury the dead.

Deme. I, and *Wall* to.

Lyon. No, I assure you, the wall is downe, that parted their fathers. Will it please you, to see the Epilogue, or to heare a Bergomaske daunce, between two of our cõpany?

Duke. No Epilogue, I pray you. For your Play needs no excuse. Neuer excuse: For when the Players are all deade, there neede none to be blamed. Mary, if hee that writ it, had played *Pyramus*, and hangd himselfe in *Thisbies* gar-

Ein Wort! So stumm?
Tot, tot? Darum
Muß Erde dein Auge bedecken.
Der Lilienmund,
Die Nas', rot und rund,
Die gelblichen Primelwangen
Sind hin, sind hin!
Wo ist, Liebe, der Sinn?
Grün hat er an mir gehangen.
Ihr Schwestern drei,
Eilt, eilt herbei,
Mit Fingern wie Milch so bleich;
In Blut taucht sie ein,
Muß geschoren sein
Mit der Schere sein Faden so reich.
Zunge, schweig still:
Komm, Schwert, ich will
Rot auf dir enden mein Weh!
Leb wohl, Publikum,
Thisbes Zeit ist um:
Ade, ade, ade!«

THESEUS Mond und Löwe sind übrig, die Toten zu begraben.

DEMETRIUS Ja, und die Mauer.

ZETTEL Nein, die bestimmt nicht; die Mauer kann nicht plötzlich anpacken. Ist es Euch gefällig, dem Epilog zuzusehen oder einen Bergomaskertanz anzuhören von zwei Mann aus unserer Truppe?

THESEUS Keinen Epilog, wenn ich bitten darf; ihr müßt euch für euer Stück nicht entschuldigen. Nie sich entschuldigen: sind erst alle Schauspieler tot, kann man keinen mehr kritisieren. Hätte der Verfasser höchstpersönlich den Pyra-

ter, it would haue beene a fine tragedy: and so it is truely, and very notably discharg'd. But come your Burgomaske: let your Epilogue alone.

The iron tongue of midnight hath tolde twelue.
Louers to bed, tis almost Fairy time.
I feare we shall outsleepe the comming morne,
As much as wee this night haue ouerwatcht.
This palpable grosse Play hath well beguil'd
The heauie gate of night. Sweete friends, to bed.
A fortnight holde we this solemnitie,
In nightly Reuels, and new iollity. *Exeunt.*
    Enter Pucke.
Puck. Now the hungry Lyons roares.
And the wolfe beholds the Moone;
Whilst the heauie ploughman snores,
All with weary taske foredoone.
Now the wasted brands doe glowe,
Whilst the scriech-owle, scrieching lowd,
Puts the wretch, that lyes in woe,
In remembrance of a shrowde.
Now it is the time of night,
That the graues, all gaping wide,
Euery one lets forth his spright,
In the Churchway paths to glide.
And wee Fairies, that doe runne,
By the triple *Hecates* teame,
From the presence of the Sunne,
Following darkenesse like a dreame,
Now are frollick: not a mouse

mus gespielt und sich an Thisbes Strumpfband erhängt, es wäre eine rundum geglückte Tragödie gewesen – doch auch so war es das, im Ernst, und besonders bemerkenswert in Szene gesetzt. Doch kommt, euern Bergomasker; vergeßt den Epilog.
Tanz.
Der Eisenschlund der Mitternacht rief zwölf.
Ins Bett, wer liebt; 's ist beinah Elfenzeit.
Den Morgen, fürcht ich, werden wir verschlafen,
Wie wir die Nacht mit Wachen zugebracht.
Das grobe, ungelenke Spiel vermochte
Uns ihren Schleichgang zu beschleunigen.
Zu Bett! Noch vierzehn weitere Nächte sollen
Mit Kultur und Kunst Tribut uns zollen. *Alle ab.*
Puck
PUCK Nun brüllt der Löwe graß nach Beute,
Der Wolf heult mondwärts himmelan;
Der Bauer schnarcht und hat für heute
Sein schweres Tagewerk getan.
Die Stund ists, da die Glut versiegt,
Und das Käuzchen kreischt und wimmert,
Daß, wer siech danieder liegt,
Sich an sein Leichenhemd erinnert.
Jetzt ist es die Zeit der Nacht,
Da die Gräber offen stehn,
Und die toten Seelen sacht
Längs der Friedhofswege wehn.
Und wir Elfen, die wir eilen,
Bei Hekates dreifach Walten
Fern dem Sonnenlicht zu weilen
Und Träumen gleich die Nacht gestalten,
Sind nun fröhlich: Keine Maus

Shall disturbe this hallowed house.
I am sent, with broome, before,
To sweepe the dust, behinde the dore.
Enter King and Queene of Fairies, with all their traine.
Ob. Through the house giue glimmering light,
   By the dead and drowsie fier,
   Euery Elfe and Fairy spright,
   Hop as light as birde from brier,
   And this dittie after mee, Sing, and daunce it trippingly.

Tita. First rehearse your song by rote,
   To each word a warbling note.
   Hand in hand, with Fairy grace,
   Will we sing and blesse this place.
Ob. Now, vntill the breake of day,
   Through this house, each Fairy stray.
   To the best bride bed will wee:
   Which by vs shall blessed be:
   And the issue, there create,
   Euer shall be fortunate:
   So shall all the couples three
   Euer true in louing be:
   And the blots of natures hand
   Shall not in their issue stand.
   Neuer mole, hare-lippe, nor scarre,
   Nor marke prodigious, such as are
   Despised in natiuitie,
   Shall vpon their children be.
   With this field deaw consecrate,
   Euery Fairy take his gate,
   And each seuerall chamber blesse,
   Through this palace, with sweete peace,

Störe dies geweihte Haus.
Mich schickt man mit dem Besen vor,
Schmutz zu fegen vor das Tor.

Oberon, Titania und Gefolge

OBERON An dem matten, müden Feuer
  Zündet eure Glimmerlichte;
  Hüpft durch dieses Haus mit neuer
  Kraft, ihr Elfennachtgesichte;
  Singt mit mir mein Zauberliedchen
  Und tanzt mit Geistertrippelschrittchen.

TITANIA Erst probt, wozu ihr aufgeboten,
  Steigert jedes Wort mit Noten;
  Hand in Hand, durch Kunst der Elfen,
  Diesem Haus zum Heil zu helfen.

OBERON Bis zur Morgendämmerung
  Versetzt dies Haus in Elfenschwung,
  Und dem höchsten Hochzeitspaar
  Bringt den stärksten Segen dar,
  Auf daß den Wesen, die es zeugt,
  Fortuna gnädig stets sich neigt.
  Sorgt, daß jedes Paar der drei
  In Liebe ewig treu sich sei;
  Und der Frucht erspart die Spur
  Jedweder Mißgunst der Natur:
  Verbannt die Male, Narben, Scharten;
  Das, was Böses läßt erwarten,
  Was an Neugebornen schreckt,
  Sei an den Kindern nicht entdeckt.
  Mit Tropfen heil'gen Wiesentaus,
  Schwärmt mir, Elfen, jetzo aus,
  Und bewahrt mir jede Kammer
  Des Palasts vor ird'schem Jammer;

    Euer shall in safety rest,
    And the owner of it blest.
    Trippe away: make no stay:
    Meete me all, by breake of day. *Exeunt.*
Robin. If we shadowes haue offended,
    Thinke but this (and all is mended)
    That you haue but slumbred here,
    While these visions did appeare.
    And this weake and idle theame,
    No more yielding but a dreame,
    Gentles, doe not reprehend.
    If you pardon, wee will mend.
    And, as I am an honest *Puck*,
    If we haue vnearned luck,
    Now to scape the Serpents tongue,
    We will make amends, ere long:
    Else, the *Puck* a lyer call.
    So, good night vnto you all.
    Giue me your hands, if we be friends:
    And *Robin* shall restore amends.

FINIS.

Und sein Herr sei so gesegnet,
Daß kein Übel ihm begegnet.
Folgt der Pflicht; zaudert nicht;
Trefft mich, wenn der Tag anbricht.
PUCK Wenn wir Schatten euch gekränkt,
Denkt, und es ist eingerenkt,
Nur, ihr wäret eingenickt,
Als wir Gebilde angerückt,
Und das albern dumme Thema
Folgte eines Traumes Schema.
Liebe Leute, wollts nicht weigern:
Vergebt ihr, wollen wir uns steigern.
Und, so wahr ich Puck der Brave,
Wird, erlaßt ihr uns die Strafe,
Uns auszuzischen wie die Schlangen,
Sofort mit Steigern angefangen;
Wo nicht, nennt Puck 'nen Lügensack.
Good night euch allen, und good luck.
Nun kommt mit den Händen, in Freundschaft solls enden,
Und Robin wird alles zum Besseren wenden.

Dramatis personae

THESEUS, Herzog von Athen
HIPPOLYTA, Königin der Amazonen, Verlobte Theseus'
LYSANDER, ein junger Hofherr, in Hermia verliebt
DEMETRIUS, ein junger Hofherr, in Hermia verliebt
HERMIA, in Lysander verliebt
HELENA, in Demetrius verliebt
EGEUS, Hermias Vater
PHILOSTRAT, Theseus' Zeremonienmeister
OBERON, König der Elfen
TITANIA, Königin der Elfen
PUCK oder ROBIN GUTFREUND, Oberons Narr und Adjutant
ERBSBLÜTE, Elfe
SPINNWEB, Elfe
MOTTENBEIN, Elfe
SENFKORN, Elfe
PETER ZWING, ein Zimmermann; Prolog im Zwischenspiel
NICK ZETTEL, ein Weber; Pyramus im Zwischenspiel
FRANCIS FALZ, ein Balgmacher; Thisbe im Zwischenspiel
THOMAS TÜLLE, ein Kesselschmied; Wand im Zwischenspiel
SCHMIEG, ein Schreiner; Löwe im Zwischenspiel
ROBIN KÜMMERLING, ein Schneider; Mondschein im Zwischenspiel
Elfen, Lords, Gefolge

Anmerkungen

I, i, 2   *hower*
fünfmal verwendet, dreimal *hour*; in F nur noch ein *hower*
I, i, 3   *apase* – apace
I, i, 3   *fower*
viermal so in Q1, einmal *foure* (Regieanweisung III, i, 150); F bereits durchgängig *foure*. An so einem Sprachwandel, sorgfältigst untersucht, ließe sich bestimmt einiges demonstrieren.
I, i, 5   *wanes* – Q2, korrigiert aus *waues*
I, i, 7   *yong mans reuenewe* – revenue
auch hier, gar nicht zum Thema passend, sind Oxfords finanzielle Probleme präsent
I, i, 11   *Now bent in heauen* – Var. New (Rowe)
I, i, 15   *peart* – pert
I, i, 28   *Stand forth Demetrius.*
Diese Regieanweisung (ebenfalls I, i, 31) wird generell als gesprochener Text gewertet
I, i, 37   *faining ... faining*
Wortspiel mit den Bedeutungen von faining und feigning
I, i, 39   *gawdes* – gaudes
I, i, 78   *barraine* – barren
I, i, 80   *Thrise* – Thrice
I, i, 85   DF korrigiert (*Her,*)
I, i, 87   *yoake* – yoke
I, i, 89   *pawse* – pause
I, i, 138   *Eigh* – Ay
I, i, 139   *here* – hear
I, i, 142   *inthrald* – enthraled
I, i, 142   *loue* – Var. low (Theobald)
I, i, 143   *misgraffed* – misgrafted
I, i, 149   *momentany* – momentary (um 1590 bereits veraltete Form (OE 141))
I, i, 156   *crost* – crossed
I, i, 160   *dewe* – Var. due (Q2)
I, i, 164   *reuenew* – revenue
I, i, 177   *By his best arrowe, with the golden heade*
wörtliche Parallele zu Marlowe, *Hero and Helander* (OE 142)

I, i, 180 *And by that fire, which burnd the Carthage queene*
Dido wählte den Freitod als Aeneas Carthago verließ (Vergil 4.584-5, OE 142)
I, i, 188 *God speede* – Godspeed
I, i, 191 *loadstarres* – lodestars
I, i, 224 *sweld* – Var. sweet (Theobald)
I, i, 227 *strange companions* – Var. stranger companies (Theobald)
I, i, 235 *ore othersome* – o'er other some
Die Schreibweise *ore* steht in der Regel für o'er
I, i, 251 *eyen* – um des Reimes willen gebeugte Form von eyes
I, ii, 3 *Tayler* – Tailor
I, ii, 7 *scrowle* – scroll
I, ii, 12f. *the most lamentable comedy, and most cruell death of Pyramus and Thisby.* – Vgl. den gleichlautenden Titel *The Most Excellent and Lamentable Tragedy of Romeo and Juliet* (zweite Quarto-Ausgabe)
I, ii, 26 *to teare a Cat in* – schwadronieren/poltern
I, ii, 26ff. *the raging rocks ... foolish Fates*
Anspielungen auf Seneca, *Hercules Oetaeus* (OE 148)
I, ii, 28 *Phibbus* – Phoebus
I, ii, 30 *vaine* – vein
I, ii, 46 *Thysbyes mother* – die Eltern treten (im Gegensatz zu *Romeo und Julia*) im Stück nicht auf (OE 149)
I, ii, 61 *shrike* – shriek
I, ii, 66 *aggrauate* – aggravate (statt moderate)
I, ii, 70f. *in a sommers day*
sprichwörtlich (OE 151); natürlich auch eine Parallele zum berühmten Sonett 18, *Shall I compare thee to a Summer's day?*
I, ii, 76ff. *straw colour beard ...*
Zum Bartkatalog und den historischen Anspielungen vgl. Gilvary 119: »the repetitions of ›monsieur‹ [IV, i, 10ff.] are significant ... if Bottom is a parody of Alençon who was ›heir‹ presumptive to the French throne, so he could hope to wear the ›French crown‹ and if Elizabeth was thought to have outwitted him, then he would be left ›bare-faced‹.« Vgl. dazu auch das Nachwort.
I, ii, 78 *perfit* – perfect (auch I, ii, 89)
I, ii, 79 *Some of your french crownes haue no haire at all*
Haarausfall durch die ›Franzosenkrankheit‹ Syphillis (OE 151)
I, ii, 83 *the palace wood, a mile without the towne*

zur Lokalität vgl. Roe
I, ii, 85 *dogd* – dogged
I, ii, 90 *At the Dukes oke wee meete*
vgl. Nachwort zu Roes Lokalisierung dieses Orts
I, ii, 91 *cut bowstrings*
unklare Anspielung; englische Bogenschützen zerschnitten ihre Bogensehnen, wenn sie besiegt wurden (OE 152)
II, i, 4 *Ouer hill, ouer dale, thorough bush, thorough brier*
fast wörtliche Entsprechung bei Spenser *The Fairie Queeene* 6.8.32.1 (OE 152), 1596 erschienen. Die Erklärung, daß S. »das Manuskript gesehen« oder es sich um eine geläufige Redenswendung gehandelt haben könnte (ebd.), beeindruckt nur durch ihre Unwahrscheinlichkeit
II, i, 4 *brier* – briar
II, i, 5 *parke*
die OE (153) merkt an, daß es sich hier wie beim *palace wood* (I, ii, 84) um ein abgeschlossenes, königlich lizensiertes Jagdrevier handelt
II, i, 8 *Pensioners*
Titel der Leibwache Elisabeths I.
II, i, 14 *Lobbe* – Lob
II, i, 34 *querne* – churn (Butterfaß)
II, i, 35 *cherne* – churn (buttern)
II, i, 42 *ieast* – jest
II, i, 45 *bole* – bowl
II, i, 48 *dewlop* – dewlap
II, i, 52 *coffe* – cough
II, i, 53 *Quire... loffe* – choir... laugh
II, i, 61 *Fairy* – Var. Fairies
II, i, 69 *steppe*
wird als step (Grenze) gelesen, Q2/F hat *steepe*, was als Vorgebirge gelesen wird (OE 158).
II, i, 70 *bounsing* – bouncing
II, i, 71 *buskind* – buskined
›buskins to the knee‹, Attribut Dianas (*Fairie Queene* 1.6.16.9) und der Amazonen (OE 158)
II, i, 78f. *Perigenia... Eagles*
Weil in der Plutarch-Übersetzung von North die Schreibweisen *Perigouna* und *Aegles* auftauchen, werden daraus Varianten generiert.

Eine eigenartige Auffassung von der Lese- und Schreibfähigkeiten Shakespeares, eine Art Entmachtung.

II, i, 85 *margent* – margin
II, i, 88 *Therefore the windes...*
der gesamte Abschnitt (bis Z. 114) macht ausführlichen Gebrauch von Ovid (OE 159)
II, i, 93 *yoake* – yoke
II, i, 97 *murrion* – Var. murrain (Theobalds)
II, i, 98 *The nine mens Morris*
Moriskentanz, entspricht dem Brettspiel Mühle; als Spielfläche wurde ein Rasenstück markiert
II, i, 99 *queint* – quaint
II, i, 101 *heere* – (obsolete) Var. cheer
II, i, 102 *carroll* – carol
II, i, 109 *Hyems chinne*
Hiem (Ovid); da das Bild des Kinns (chin) hier eigenartig wirkt vermutete Halliwell einen Druckfehler für *thinne* (OE 161)
II, i, 125 *ayer* – air
II, i, 139 *entend* – intend
II, i, 141 *daunce* – dance
II, i, 150ff. *once I sat vpon a promontory...*
Quellendiskussion Seneca, Leicester OE 162-3
II, i, 152 *hermonious* – harmonious
II, i, 154 *certaine* – korrigiert aus *cettatine* (DF)
II, i, 160ff. *a faire Vestall, throned by west*
Anspielung auf Elizabeth I. (OE 163)
II, i, 172 *iewce* – juice, Parallele Lyly (OE 164)
II, i, 183 *busie* – busy
II, i, 193 *The one Ile stay: the other stayeth me.*
hier aus *stay* (warten) zweimal *slay* (erschlagen) zu machen (Var. Theobald) ist nicht nur ein unerlaubter gewaltsamer Eingriff, er nimmt auch schon undramatisch das vorweg, was erst später als Steigerung der Verwirrungen ins Spiel kommt
II, i, 195 *wodde, within this wood*
wodde ist ebenfalls (wie I, i, 256) als *wood* zu lesen mit den Nebenbedeutungen *wooed* (gelockt) und wütend/rasend, auf die Demetrius anspielt
II, i, 202 *entise* – entice

II, i, 204   *not, not* – Var. not, nor (F), wohl DF
II, i, 254   *time* – thyme
II, i, 255   *Oxlips*
Eine Schlüsselstelle für die Frage Stratford oder Oxford: Die OE vermutet, daß es sich um die ›falsche Oxlip‹, *Primula veris x vulgaris,* und nicht um die ›echte Oxlip‹ *Primula elatior* handelt, denn diese trete nur in Ostengland auf und wäre S. daher unbekannt (OE 168). Für Oxford, der aus Ostengland stammt, gilt das natürlich nicht; außerdem steckt schon im Namen ein Wortspiel mit Oxford
II, i, 256   *lushious* – luscious
II, i, 257   *Eglantine* – Rosa rubiginosa
II, ii, 5   *Reremise, lethren* – reremice, leathren
II, ii, 8   *queint* – quaint
II, ii, 27   *Centinell* – sentinel (Posten)
II, ii, 39   *troth* – Var. truth statt throth (Treue), s.u. II, ii, 53
II, ii, 41   *comfort* – comfor Q1, korrigiert in Q2
II, ii, 42   *Bet* – Var. Be (Q2)
II, ii, 46   *good* – god Q1, korrigiert in Q2
II, ii, 50   *is* – it Q1, korrigiert in Q2
II, ii, 62   *batcheler* – bachelor
II, ii, 130 *Ist* – Is't
II, ii, 142 *surfet* – surfeit
III, i, 3   *Pat, pat* – pat on the dot (pünktlich) (OE 177)
III, i, 3   *maruailes* – marvellous
III, i, 5   *hauthorne* – hawthorne
III, i, 5   *tyring house*
tiring-house, Raum hinter der Bühne für die Schauspieler
III, i, 8   *bully* – lt. OE (178) im Sinne von guter Freund
III, i, 13   *Berlakin* – By'r la'kin, by our Ladykin
III, i, 31   *foule* – fowl (Federvieh, auch Greif)
III, i, 32   *toote* – to't
III, i, 50   *casement* – Fensterflügel; der genaue Sinn in diesem Zusammenhang ist unklar
III, i, 53   *els* – else
III, i, 57   *a wall*
Offensichtlich Anspielung auf den Obstgartenwall aus Szene II, i von *Romeo und Julia* (OE 181). Über *Pyramus und Thisbe* als Parodie auf *Romeo und Julia* vgl. Nachwort

III, i, 60   *lome* – loam
III, i, 62   *crany* – cranny
III, i, 69   *hempen homespunnes*
selbst gesponnene Hanfklamotten; soziale (über die Kleidung) und intellektuelle Charakterisierung (Trottel) in einem
III, i, 84   *hewe* – hue
III, i, 85   *bryer* – brier
III, i, 86   *brisky* – briskly, die Var. bristly ist unnötig
III, i, 86   *Iuuenall* – Juvenal; die Form juvenile wird zuerst 1625 erwähnt (OE 182)
III, i, 86   *eeke ... Iewe*
eke ... Jew. Es gibt keinen Grund, weshalb der Schüttelreim statt auf einen ›lieblichen Juden‹ auf *juvenile* oder *jewel* abzielen sollte
III, i, 98   *bogge* – bog
III, i, 100   *a headelesse Beare*
bezieht sich wohl auf ein Traktat aus dem Jahre 1584 über *woman possesssed with the Devil* (OE 184)
III, i, 114   *Woosell ... hewe* – ousel, hue
III, i, 118   *What Angell wakes me from my flowry bed?*
vgl Kyd, *Spanish Tragedy* 2.5.1 ›What outcries pluck me from my naked bed?‹ (OE 185)
III, i, 119   *Fynch* – finch
III, i, 149   *Moth* – Var. Mote, weil die Person in *Love's Labour's Lost* auch Mote heißen soll (OE 153). Vgl. dieses Werk (in Vorbereitung für diese Edition).
III, i, 156   *hony bagges* – honeybags
III, i, 161   *fanne* – fan
III, i, 176   *to* – too
III, i, 179   *woll* – well
III, i, 179   *Ox-beefe* – weitere mögliche Anspielung auf Oxford (die Textstelle ergibt sonst keinen Sinn) als Falstaff.
III, i, 184   *The Moone ... Lamenting some enforced chastitie*
wohl ebenfalls Anspielung auf Elizabeth (Mondgötin, keusch)
III, ii, 10   *patches* – Flicken, hier im Sinne von Trottel
III, ii, 14   *barraine* – barren
III, ii, 20   *Minnick* – Var. Mimmick (F), mimic
III, ii, 21   *Fouler* – fowler
III, ii, 26   *ore and ore* – o'er and o'er (s.o.)

III, ii, 31 *yeelders* – yielders
III, ii, 37 *latcht* – latched
III, ii, 49 *to* – too
III, ii, 60 *Pearst* – pierced
III, ii, 66 *curre* – cur
III, ii, 71 *tutch* – touch
III, ii, 86 *bankrout slippe*
  bankrupt, Var. sleep (Rowe)
III, ii, 88 *tender*
  Begriff aus dem Zinsrecht
III, ii, 102 *Swifter then arrow, from the Tartars bowe*
  ›as swift as arrow from a Turkey bow‹ (Ovid 10.687, vgl. OE 194)
III, ii, 103 *dy* – dye
III, ii, 132 *trueth killes truth*
  Wortspiel mit *vero nihil verius* (Motto de Veres)
III, ii, 134 *waigh* – weigh
III, ii, 144 *coniealed* – congealed
III, ii, 144 *Taurus* – vgl. Seneca und Ovid (OE 196)
III, ii, 145 *Fand* – Fanned
III, ii, 153 *ioyne* – join
III, ii, 156 *parts* – im Sinne von Qualitäten
III, ii, 162 *With your derision None*
  der fehlende Punkt nach derision ist wohl ein DF
III, ii, 193 *Then* – Than (DF)
III, ii, 193 *oes, and eyes* – Wortspiel: o's und i's. Oes sind auch sternenartige Verzierungen auf Kleidungsstücken (OE 198)
III, ii, 204 *howers* – hours (s.o.)
III, ii, 216 *stemme* – stem
III, ii, 218 *life* – Var. live
III, ii, 218 *coats in heraldry*
  das Wissensgebiet Heraldik hat Shakespeare offensichtlich gut studiert; zu den zahlreichen heraldischen Ausdrücken dieser Passage vgl. OE 199
III, ii, 219 *creast* – crest
III, ii, 225 *words* – Var. passionate words (F), möglicherweise Wiederherstellung eines überlesenen Wortes
III, ii, 232 *Pretious* – Var. Precious (DF?)
III, ii, 242 *I doe* – Var. I (Ay), do (Q2, F)

III, ii, 244 *sweete* – korrigiert aus sweeete (DF)
III, ii, 264 *Ethiop* – Äthiopierin
III, ii, 265 *heele* – Var. hee'l (Q2), Sir (F)
III, ii, 268 *bur* – burr (Klette)
III, ii, 272 *Tartar* – s.o.
III, ii, 340 *but* – korrigiert (Q2) aus hut (DF)
III, ii, 344 *knot grasse* – knot-grass, Knöterich; soll wachstumshemmend wirken (OE 205)
III, ii, 355 *cheeke by iowle* – cheek by jowl, Wange an Wange
III, ii, 356 *coyle* – coil
III, ii, 369 *nointed* – annointed
III, ii, 371 *iangling* – jangling
III, ii, 373 *night ... Acheron*
vgl. Marlowe, *Hero and Leander* (Night, deep-drench'd in misty Acheron, 1.189, OE 206)
III, ii, 376 *teasty* – testy
III, ii, 387 *roule* – roll
III, ii, 405 *black browed night*
wörtlich aus *Romeo and Julia* 3.2.20
III, ii, 427 *recreant* – Feigling
III, ii, 477 *Iacke shall haue Iill* – Jack shall have Jill, auch in *Love Labour's Lost* 5.2.861
IV, i, 5 *musk roses* – s.o.
IV, i, 21 *curtsie* – courtesie (FN?)
IV, i, 23 *Caualery* – Cavaliery (vom Italienischen cavaliere)
IV, i, 25 *maruailes* – marvellous
IV, i, 33 *prouander* – provender
IV, i, 35 *hoord* – hoard
IV, i, 43 *Honisuckle* – honeysuckle
IV, i, 44 *Iuy* – ivy
IV, i, 54 *With coronet of fresh and fragrant flowers*
wörtlich bei Ovid: ›with a crown of fresh and fragrant flowers‹ (2.33, OE 216). Demgegenüber ist die Parallele bei Spenser (ebd.) offenbar sekundär
IV, i, 55 *buddes* – buds, ein Kernwort in diesem Stück
IV, i, 56 *orient pearles* – FN
IV, i, 57 *flouriets* – flow'rets (Spenser; vgl. auch das *Phaeton Sonett*)
IV, i, 71 *fearce* – fierce

IV, i, 85 *fine the sense*
hier wurde (Theobald) die Var. five vorgeschlagen, was als Vedrehung von n und u erklärbar wäre, den Sinn aber stark verändert
IV, i, 86 *howe* – Var. ho (Q2)
IV, i, 100 *Trippe* – Trip
IV, i, 110 *vaward* – vanguard
IV, i, 118 *the Beare* – hier schlug Hanmer die Variante boar vor, da Theseus den kaledonischen Eber gejagt hatte (Ovid, Plutarch; OE 221). Er wußte wohl noch nichts von Shakespeares Wappentier
IV, i, 127 *Crooke kneed, and deawlapt*
crook-kneed and dewlapped; hier spricht (wie u.a. im *Timon*) der Hundeliebhaber
IV, i, 130 *hollowd* – holla'd
IV, i, 138 *right of May* – Var. rite (Pope)
IV, i, 171 *wote* – wot
IV, i, 174 *gaude* – gaud (s.o.)
IV, i, 185 *here* – hear
IV, i, 200 *Are you sure / That we are awake?*
in F gestrichene Passage
IV, i, 217 *patcht a foole* – Var. a patched fool (F)
IV, i, 218 The eye of man hath not heard...
hierzu die Parallele aus *1. Kor. 2, 9-10* in der Version der *Geneva Bible* (OE 227)
IV, i, 222 *a Ballet* – OE setzt die Variante ballad; dabei ist das Wort auch großgeschrieben was einen Druckfehler nahezu ausschließt
IV, i, 225 *gratious* – gracious
IV, ii, 1 *the rabble* – der Pöbel
IV, ii, 6 *mard* – marred
IV, ii, 15 *nought* – naught
IV, ii, 21 *bully* – s.o.
IV, ii, 28 *harts* – hearts
IV, ii, 29 *couragious* – courageous
IV, ii, 32 *not* – Var. no (F)
IV, ii, 36 *apparrell* – aparel
IV, ii, 37 *ribands* – ribbons
IV, ii, 43 *garlicke* – garlic
V, i, 4 *toyes* – toys
V, i, 11 *a brow of Ægypt* – OE vermutet (231), da gypsy »a

corruption of ›Egyptian‹« ist, den Bezug auf Zigeuner
V, i, 12-17 *The Poets eye ... a name*
Vgl. auch hier die Anspielung auf den Anfang von Ovids *Metamorphosen*: ›Of shapes transformed to bodies stranges, I purpose to entreat‹ (OE 231)
V, i, 16 *ayery* – airy
V, i, 33 *boorde* – board
V, i, 36 *Or* – Var. Our (F)
V, i, 45 *The battell with the Centaures* – vgl. Ovid 12.236 (OE 233)
V, i, 49 *tipsie* – tipsy
V, i, 53ff. *The thrise three Muses, mourning*
Anspielung auf Spenser's *The Tears of the Muses* (1591, Chiljan 246)
V, i, 59 *Ise* – ice
V, i, 60 *strange snow* – Var. strange black snow (Capell); typisch für an sich unnötige Spätverbesserungen
V, i, 75 *toyled* – toiled
V, i, 80 *entents* – intents
V, i, 81 *cond* – conned
V, i, 94ff. *Where I haue come...*
die Parallele zu Elizabeth I. ist hier unübersehbar (OE 236); vgl. Nachwort zur soziologischen Perspektive des Stücks
V, i, 105 *tong-tide* – tongue-tied
V, i, 114 *despight* – despite
V, i, 120 *stand vpon points* – achtet nicht auf Interpunktion/Details
V, i, 133 *Thisby* – korrigiert aus Thsby (DF)
V, i, 134 *lyme* – lime
V, i, 150 *boyling bloody breast* – OE 146 zur Ovid-Parallele
V, i, 162 *cranied* – crannied (s.u., V, i, 167)
V, i, 165 *lome* – loam
V, i, 173 *O grim lookt night, o night, with hue so blacke*
Parallele zur Euripides-Übersetzung Gascoignes OE 240
V, i, 190 *Pat* – s.o., III, i, 3
V, i, 193 *stones* – Nebenbedeutung Hoden (OE 241)
V, i, 199 *Limander* – Verballhornung von Leander
V, i, 201 *Shafalus ... Procrus*
Cephalus und Procris (vgl. Ovid 7.874, OE 242)
V, i, 203 *vilde* – vile
V, i, 209 *Now is the Moon vsed*

Var. morall downe (F) und diverse andere Vorschläge; letztlich unerklärt
V, i, 225   damme – dam
V, i, 264   *mouz'd* – moused
V, i, 270   *gratious* – gracious
V, i, 278   *thrumme* – thrum
V, i, 284   *deflour'd* – deflowered
V, i, 288   *pappe* – pap (weibl. Brust)
V, i, 294   *Die* – ein Würfel aus einem Würfelspiel (dice)
V, i, 304   *moth* – mote (s.o.)
V, i, 315   *mone* – moan
V, i, 320   *threede* – thread
V, i, 322   imbrew – imbrue
V, i, 329   *Bergomaske daunce*
   ein italienischer ländlicher Tanz (OE 250)
V, i, 342   *heaui gate* – heavy gait
V, i, 346   *Lyons* – Var. Lion (Rowe)
V, i, 351   *lowd* – loud
V, i, 353   *shrowde* – shroud
V, i, 356   *spright* – sprite
V, i, 359   *tripleHecates* – Ovid 7.1.6 (OE 253)
V, i, 368   *fier* – fire
V, i, 370   *brier* – briar
V, i, 371   *dittie* – ditty
V, i, 396   *Trippe* – Trip
V, i, 408   *scape* – 'scape

Nachwort

Zu dieser Edition

Im Nachwort zum ersten Band dieser Ausgabe (*Timon aus Athen*) haben wir die Prinzipien unserer Edition dargelegt und ausführlicher die Entscheidung begründet, auf den englischen Originaltext zurückzugehen. Zusammengefaßt:

* Als englischer Text wird der bestverfügbare Originaltext des Stücks weitgehend wort- und zeichengetreu dargeboten: in diesem Falle der der ersten Quartoausgabe (Q1) von 1600.
* Die deutsche Übersetzung ist auch immer als Kommentar zum englischen Text zu verstehen, die den Leser in der Regel schnell den Sinn des Originaltextes erfassen läßt und bei Zweifelsfällen erläuternd wirkt. Auf diese Kommentarfunktion ist sie natürlich nicht beschränkt: bei einem so vielfältigen, sprachlich und inhaltlich höchst anspruchsvollen Stück wie dem *Mittsommernachtstraum* führt die Übersetzung schon aufgrund ihres Anspruches, auch Verse und Reime nachzubilden, einen viel weitergehenden Dialog mit dem Original, der an jeder Stelle der Ausgabe nachvollziehbar sein soll.
* Bei fehlenden Vokabeln hilft meist ein einfaches Nachschlagen in Wörterbüchern.
* Fast alle – bei Shakespeare häufiger als bei jedem anderen Autor vor Joyce zu findenden – seltenen Ausdrücke sind in der Orthographie meistens (nahezu) identisch mit der heutigen Schreibweise, was daran liegen mag, daß die sperrigen Vokabeln des Urtextes heute fast immer noch dieselben sind wie vor mehr als

400 Jahren – und heute genauso selten wie zur Shakespeare-Zeit. Mit anderen Worten: altertümlich anmutende Wörter sind eher nicht durch altertümliche Schreibweise fremd, sondern durch ihre Seltenheit, ja Einzigartigkeit. Man kann das auch so ausdrücken: Shakespeare hat die englische Sprache weitgehend erfunden und seine Erfindungen sind immer noch in Gebrauch.

* Im Anhang wird bei einigen orthographisch abweichenden Wörtern zusätzlich die moderne Schreibweise angegeben. Offensichtliche Druckfehler und von verschiedenen Herausgebern vorgeschlagene denkbare Varianten werden ebenfalls vermerkt und ggf. diskutiert.
* Nicht normiert und kommentiert wird der auf den ersten Blick merkwürdig anmutende historische Gebrauch des »u« und »v«; daran kann und sollte man sich gewöhnen.

Das Prinzip der wort- und zeichengenauen Wiedergabe des Quarto-Textes sollte nicht in dem Sinne mißverstanden werden, daß man sich hier auch in jedem äußerlichen Detail an diese Vorlage hält. Hierzu sei auf im Internet bereitgestellte Reproduktionen verwiesen bzw. auf die Faksimileausgabe der *First Folio*.

Zum Stück

Textgrundlage

Der maßgebliche Quelltext ist die erste Quartoausgabe von 1600 (Q1). Hier handelt es sich also um eine zur Lebzeit des Verfassers herausgegebene Schrift; also muß davon ausgegangen werden, daß der Verfasser an der Edition beteiligt war. Aussagen über Druck- und Entstehungsgeschichte, redaktionelle Eingriffe, Quellenbezüge etc. sind daher auch wichtige Aussagen über Shakespeare selbst.

Das Stück wurde am 8. Oktober 1600 ins *Stationers' Register* eingetragen:

> [SR, 1600] 8 Octubris. Thomas Fyssher. Entred for his copie vnder the handes of master Rodes and the Wardens. A book called A mydsummer nightes Dreame vj^d. [Gilvary 113]

Die Veröffentlichung erfolgte (wohl nur vermutlich, aufgrund des Datums des Titelblattes und des fortgeschrittenen Jahres) wenig später:

> [Q1, 1600] A midsommer nights dreame. As it hath beene sundry times publickely acted, by the Right honourable, the Lord Chamberlaine his seruants. Written by William Shakespeare. Imprinted at London,: [By Richard Bradock] for Thomas Fisher, and are to be soulde at his shoppe, at the Signe of the White Hart, in Fleetestreete, 1600. [Gilvary 113 mit Abb. des Exemplars der Bodleiean Library]

Über den Buchhändler Thomas Fisher ist nichts Signifikantes bekannt, *A midsommer nightes dream*e (MSND) war sein erstes eingetragenes Stück (OE 113), weitere Shakespeare-Werke, ja überhaupt weitere Werke hat er wohl nicht gedruckt (OE 113).

Das Druckbild ist eher schlicht und unauffällig (verglichen mit vornehmeren Quartoausgaben wie z. B. von *Richard II.* oder dem Q2-Nachdruck):

A Midsommer nightes dreame.

There, gentle *Hermia*, may I marry thee:
And to that place, the sharpe *Athenian* law
Can not pursue vs. If thou louest mee, then
Steale forth thy fathers house, to morrow night:
And in the wood, a league without the towne
(Where I did meete thee once with *Helena*
To do obseruance to a morne of May)
There will I stay for thee.

 Her. My good *Lysander*,
I sweare to thee, by *Cupids* strongest bowe,
By his best arrowe, with the golden heade,
By the simplicitie of *Venus* doues,
By that which knitteth soules, and prospers loues,
And by that fire, which burnd the *Carthage* queene,
When the false *Troian* vnder saile was seene,
By all the vowes that euer men haue broke,
(In number more then euer women spoke)
In that same place thou hast appointed mee,
To morrow truely will I meete with thee.

 Lys. Keepe promise loue: looke, here comes *Helena*.

Enter Helena.

 Her. God speede faire *Helena*: whither away?
 Hel. Call you mee faire? That faire againe vnsay.
Demetrius loues your faire: ô happy faire!
Your eyes are loadstarres, and your tongues sweete aire
More tunable then larke, to sheepeheards eare,
When wheat is greene, when hauthorne buddes appeare.
Sicknesse is catching: O, were fauour so,
Your words I catch, faire *Hermia*, ere I goe,
My eare should catch your voice, my eye, your eye,
My tongue should catch your tongues sweete melody.
Were the world mine, *Demetrius* being bated,
The rest ile giue to be to you translated.
O, teach mee how you looke, and with what Art,
You sway the motion of *Demetrius* heart.

Eine zweite Quartoausgabe, die offensichtlich aus der ersten gesetzt wurde, erschien mit folgendem Titel:

[Q2, 1619] A midsommer nights dreame. As it hath beene sundry times publikely acted, by the Right honourable, the Lord Chamberlaine his seruants. Written by William Shakespeare. [London]: Printed by Iames Roberts [i.e. William Jaggard for T. Pavier], 1600 [i.e. 1619]. (Gilvary 113)

Trotz des Datums 1600 auf dem Titelblatt wird diese (somit postume) Edition auf 1619 datiert und als Bestandteil der Quarto-Sammelausgabe von William Jaggard aus jenem Jahr angesehen. Diese Ausgabe war wiederum die Vorlage für die Folioausgabe von 1623.

Die gängige Shakespeare-Forschung lebt mit Konstrukten wie »foul papers« und »prompt book«. Im Falle des MSND wird angenommen, daß der Drucker »from a manuscript in Shakespeare's hand« (OE 113) arbeitete, was damit begründet wird, daß 1. die Bühnenanweisungen unvollständig und inkonsistent sind und 2. einige Schreibweisen der berüchtigten, angeblich vom Meister selbst stammenden »Handschrift D« aus dem *Thomas More*-Manuskript ähneln, insbesondere die Vorliebe für Vokal-Doppelungen und ae-Umschreibungen (OE 114). Eine interessante Theorie: einerseits nahm er es nonchalant mit den Regieanweisungen nicht so genau, andererseits schrieb er selbst mit einer eigentümlichen, auch gedruckt wiedererkennbaren Orthographie. Wie weit der zweite Teil dieser Theorie durchgehalten werden kann, steht allerdings in Frage, so ultragenau geht die Analyse denn doch so gut wie nie vor (ganz abgesehen davon, daß »Handschrift D«

gar nicht von Shakspere stammen kann, dessen vermeintliche Unterschriften als Vergleichs- und Identifikationsmaterial nicht geeignet sind).

Daß der F-Text, der nur bei einigen genaueren Regieanweisungen von Q1 abweicht, aufgrund eines vermuteten Soufflierbuchs (prompt book) korrigiert wurde, ist nicht unplausibel, allerdings ebenso spekulativ wie die Manuskript-Hypothese. Holland vermutet sogar, daß einige Regieanweisungen erst nach Shakspere Tod eingefügt wurden (OE 117).

Wenn insgesamt in Q1 nach meiner Zählung nur etwa 9 eindeutige leichte Druckfehler zu finden sind, kann man wohl von einer sorgfältigen Edition sprechen; Q1 wird denn auch einhellig den sogenannten »good quartos« zugeordnet. Holland resümiert sogar, daß MSND weniger Textprobleme als jedes andere Shakespeare-Stück in Quarto und Folio mit sich bringt (OE 112). Das kann man auch so formulieren, daß MSND die **beste** Quartoausgabe eines Shakespeare-Stücks zu Lebzeiten des Verfassers darstellt; gleichzeitig ist sie die **letzte** Ausgabe vor einer großen Zäsur, die im Grunde bis 1623 andauert.

Shakespeares letzte Veröffentlichung

Seit 1591 erscheinen mehr oder weniger echte (good) oder unechte (bad) Quartoausgaben der Werke des Verfassers, der seit 1598 auch den Namen William Shakespeare (mit oder ohne Bindestrich) auf einige Titelblätter setzen läßt. In dieser Zeit steigen Quantität und Qualität der Drucke kontinuierlich an, wobei das Jahr 1600 einen Höhepunkt darstellt. In diesem Jahr erscheinen (neben Nachdrucken älterer Ausgaben) außerdem zum erstenmal *Henry the*

Fourth, Part Two, The Merchant of Venice, Henry the Fifth, Much Ado About Nothing, mit Einträgen im Stationers' Register bis zum 23. 8. Im Oktober werden außer dem MSND noch die apokryphen Stücke *The weakest goeth to the wall* und *The Wisdom of Doctor Dodypoll* eingetragen; fernerhin wurde im August auch *As You Like It* angekündigt, das erst 1623 erschien. Das impliziert, daß nach 1600 so weitergearbeitet werden sollte wie bis 1600. Dann aber ereignete sich ein nicht zu leugnender Bruch: 1601 folgte gar nichts, kein Eintrag, kein Druck, 1602 und 1603 nur noch die »schlechten« Ausgaben von *The Merry Wives of Windsor* und *Hamlet*; 1604 dann (nach de Veres Tod) nur der vollständige *Hamlet*.

Auf dem Titelblatt (Q1) findet sich folgende Abbildung:

Das Motto *Motos soleo componere fluctus* ist ein abgewandeltes Zitat aus Vergils *Aeneis* 1, 135: sed motos praestat componere fluctus [doch gilt's jetzt erst die Wogen zu glätten], wobei die Ersetzung von praestat (es ist besser) durch soleo (ich bin gewohnt) den Akzent leicht von »Neptun glättet die aufgewühlten Fluten« in Richtung »Ich kann das auch« verschiebt. Dazu zeigt die Abbildung den Eisvogel (Alcione).

Alkyone war die Tochter des Aiolos und der Enarete, die Gattin des Keyx, des Königs von Trachis am Oite. Sie wird wegen ihrer liebenden Klagen um den toten Gatten in einen Eisvogel verwandelt, und die Götter sorgen während der Brutzeit des klagenden Vogels zur Winterwendenzeit für ausgeglichenes Wetter – halkyonische Tage. Der abgewandelte Vergil-Satz ist das Motto des Eisvogels, er trägt das Schriftband in seinem Schnabel wie eine Sprechblase.

Die Ruhe nach dem Sturm, die Fähigkeit, die Wogen zu glätten, die Jahreszeit – all das wirkt angesichts der unmittelbaren Nähe zu einem der großen Brüche in Edward de Veres Biographie wie eine Ruhe *vor* dem Sturm: Der am 8. 2. 1601 ausgebrochenen Essex-Revolte, als dessen Folge auch sein Liebling Southampton verhaftet wurde.

Schon John Thomas Looney war aufgefallen, daß 1600 sechs Stücke in mehreren Ausgaben gedruckt wurden; jedoch nach Southamptons Verhaftung »all publications of proper versions of the plays stopped immediately« (363f.). Er leitet daraus zusätzlich die Vermutung ab, daß Southampton »acted as intermediary between the Earl of Oxford and those who were staging and publishing the dramas.«

(364) Dem muß man nicht folgen, aber die an Southampton gerichteten Sonette aus dieser Zeit, die die Zeitereignisse chronologisch getreu widerspiegeln (vgl. dazu Peter Moores Aufsätze über die Sonette), belegen zusätzlich das Interesse Southamptons an Shakespeares literarischer Tätigkeit. Für den Stratforder Shakspere sind solche Zusammenhänge nicht zu erkennen.

Quellen

Literarische Quellen

Im Gegensatz zu anderen Werken billigt man Shakespeare beim MSND zu, etwas Eigenes, sogar eine eigene Mythologie geschaffen zu haben, weil – wie das notorische *Shakespeare-Handbuch* unnachahmlich formuliert – »man bisher keine direkte Vorlage gefunden hat. Dafür greift Shakespeare hier mannigfaltige Anregungen aus den verschiedenen literarischen Traditionen auf.« (460) Dabei kommen dann die üblichen Namen ins Spiel:

> »Bullough notes that ... there are no major literary sources for this play. The dramatist has used his own imaginative skills to draw together a variety of elements linked by the theme of love fulfilled in marriage, including several strands of folklore. Among the identified literary texts which undoubtedly contributed to the play are Chaucer's ... *The Canterbury Tales* ...; Shakespearean favourites such as Ovid's *Metamorphoses* ... North's translation of *Plutarch's Lives* ... Bullough also believes that several works of John Lyly, especially *Galathea*, (written c. 1585, printed 1592) and *Endimion*

(written c. 1588, printed 1591), influenced the play. The metamorphosis of a man into an ass also occurs in Apuleius's *The Golden Ass*, translated by William Adlington in 1566, and in Reginald Scot's *The Discoverie of Witchcraft* (1584). Brooks suggests that Spenser's *Shepheardes Calender* (1579) provided details of weather and flowers, and that Seneca's *Medea and Hyppolytus* (translations appeared in an edition by Thomas Newton, 1581) contributed various important details. Brooks notes, with Nevill Coghill, that the play's overall dramatic structure comes from a combination of leading features which appear in Anthony Munday's *John a Kent and John a Cumber*. However, it is not possible to identify the direction of influence, since the date of Munday's play may be either 1590 or 1596.« (Gilvary 116).

Also Plutarch (den Oxford seit 1570 besaß, vgl. A&C 281), Ovid (den er 1567 wohl selbst mitübersetzte), Chaucer und klassische Quellen: alles Shakespeare seit frühester Zeit gegenwärtige Werke. Hinzu kommen Werke von Oxfords zeitweiligen Mitarbeitern Lyly und Munday, bei denen die (für die Entstehungsgeschichte relevante) Einflußrichtung zu diskutieren wäre.

Es wäre auch noch zu klären, wie das Verhältnis Shakespeares zum Werk Edmund Spensers zu bewerten ist, ein Thema, das meiner Ansicht nach bisher kaum untersucht wurde. Holland, der in seiner ausufernden Einleitung die Literatur, Kunst und Mythologie aller Völker und Zeiten vor und nach Shakespeare heranzieht, hat zu Spenser nahezu nichts anzumerken außer daß er »in a different cultural world« (OE 36) lebte. Vor seinem erzwungenen Aufenthalt in Irland (1579) lebte Spenser durchaus in der selben literarischen Welt und stand auf der Seite von Gabriel Harvey in dessen Literaturfehden (vgl. Detobels Aufsätze zum Harvey-Streit). Daß sein 1590/96 veröffentlichtes Hauptwerk *The Faerie Queene* auch Parallelen zum MSND enthält, ist eine naheliegende Vermutung, nur hat sie wohl noch keiner unbeeinflußt von chronologischen Vorannahmen gründlich untersucht (zu mühselig). Einfacher ist es, dahinzuschreiben »Shakespeare *might* have seen Spenser's lines in manuscript or, more probably, the lines could simply be conventional« (OE 152 zu II, i, 4) und die Sache auf sich beruhen zu lassen.

Hochzeitsfeiern

Seit über einem Jahrhundert (Anderson 276) wurde in der Literatur angenommen, daß MSND ursprünglich bei einer hocharistokratischen Hochzeitsfeier aufgeführt wurde, wobei zuerst die Hochzeit zwischen Sir Thomas Henage und Mary Brown Wriothesley am 2. 5. 1594 in Erwägung gezogen wurde. Mark Anderson (276f.) geht ausführlicher, unter Heranziehung schwächerer Belege (»The right of May«, IV, i, 138), darauf ein. Andere Kandidaten (alle Bräute waren Patenkinder der Königin):

(a) Henry Percy, Earl of Northumberland to Dorothy Devereux, Widow of Sir Thomas Perrot and sister of the Earl of Essex, in late 1594;

(b) William Stanley, 6th Earl of Derby, to Elizabeth Vere, daughter of the 17th Earl of Oxford and granddaughter of Lord Burghley on 26 January 1595;

(c) Lord Berkeley's son, Thomas, to Elizabeth Carey, granddaughter of the Queen's Lord Chamberlain,

Henry Carey (who was her cousin) on 19 February 1596. (Gilvary 115)

Mit Ausnahme einiger, denen die ganze Diskussion nicht gefällt (Holland, OE 112), diskutieren auch Stratfordianer weiter eifrig über dieses Thema (Favoriten sind b und c), in unmittelbarer Nachbarschaft zum verpönten Earl of Oxford (am Abgrund sozusagen), denn wenn jener hinter dem Pseudonym Shakespeare stände, hätte er das Stück ja zur Hochzeit seiner Tochter geschrieben.

Daß Mark Anderson wiederum auch diese Tochter-Hochzeit im biographischen Sinne Oxfords ausschmückt, wird man ihm nicht verdenken können. Da wird dann Egeus zu Oxford und Demetrius zu Southampton, der ja zeitweilig als sein Schwiegersohn im Gespräch war. Zusätzlich führt er folgende Belege über die Hochzeit an:

»Der Chronist John Stow berichtet:

›The 26 of January, William, earl of Derby, married the earl of Oxford's daughter at the court then at Greenwich, which marriage feast was there most royally kept.‹

Sonntag der 26. wäre tatsächlich die erste von mehreren festlichen Nächten gewesen, die 48 Meilen nördlich in Burghley House in Lincolnshire endeten, wo vier Tage später die Hochzeitszeremonie selbst stattgefunden hätte. Die Familie des Bräutigams legte großen Wert auf die astrologische Dimension der Ereignisse, also wurde die Zeremonie auf den Neumondtag am 30. Januar festgelegt.

Währenddessen verabschiedete sich die Königin am Sonntagabend von ihrem Patenkind mit einer Soiree im Greenwich Palast. Gemäß einem Brief Robert Cecils über die Planung der Feier wurde mindestens eine Aufführung zur Unterhaltung der zahlreichen aristokratischen Gäste vorbereitet. Die Nacht wurde auch mit einem Tanz beendet ...

A Midsummer Night's Dream beginnt mit der Beobachtung ›Vier heitre Tage noch, / Und neu erscheint uns Luna‹; das Stück endet mit einem Tanz, und eine Gruppe von Feen wird losgeschickt mit dem Auftrag ›bewahrt mir jede Kammer/Des Palasts‹« (287).

Eine Lokalisierung

Auf einer seiner Italienreisen machte Richard Paul Roe die Entdeckung, daß die kleine Renaissancestadt Sabbioneta in der Nähe von Mantua den Schauplatz des *Mittsommernachtstraums* lieferte. Hier folgen zusammengefaßt Roes Hauptargumente für diese Identifizierung (alle Zitate und Abbildungen aus Roe 180-187):

1) Sabbioneta wird seit dem 16. Jhdt. *Klein Athen* genannt:

»Einige Gebäude in Sabbioneta waren ursprünglich geräumige Quartiere für die geladenen Gäste des Herzogs, der sich ein Vergnügen daraus machte, gebildete Adlige und Gelehrte aus Italien und Westeuropa zu einer Reise in seine Musterstadt einzuladen. Bei ihrem Aufenthalt bewunderten sie seine üppige Gemälde- und Skulpturensammlung und nahmen an den Festen, Salons und gelehrten Diskussionen teil, die er zeitlebens sponserte. Daher verlieh die stetig anwachsende Zahl der Gäste Vespasiano Gonzagas dem Ort damals einen zweiten Namen, zusätzlich zu ›Sabbioneta‹: *La Piccola Atena* – ›Klein Athen‹ – nicht wegen seiner Architektur, sondern wegen seines schnellen Ruhms als gastfreundlicher Versammlungsort für Gelehrte und Intellektuelle.«

2) Das Stück enthält keine weiteren griechischen Anspielungen

»Das Stück spielt in Athen. So wurde es genannt, nicht nur zu Anfang des 1. Akts, sondern im gesamten Stück zähle ich über 30 Erwähnungen [es sind 35] von ›Athen‹ oder ›Athener‹, aber bezeichnenderweise keine Hinweise auf Griechen, Griechenland, Attika oder Attiker, nur ›Athen‹ und ›Athener‹. ...
›Herzog (Duke)‹ ... ist ein westeuropäischer Titel. Im Französischen und Italienischen stammt er vom lateinischen Wort *dux* ab. Während es in Griechenland keine Herzöge gab, finden sie sich im Italien der Renaissance reichlich.«

3) Die *Porta della Vittoria* ist *The Duke's Oak*

»Gegen Ende der Besichtigung, als wir im Schatten der gewölbten *Porta della Vittoria* standen, dem architektonischen Haupttor[*] von Sabbioneta, erklärte unser Führer, daß dieser Durchgang auch als ›*la Quercia del Duca*‹

---

[*] Selbst daß Athen mehrere Tore hat, war dem Verfasser bekannt. I, i, 221 heißt es noch »Through Athens gates, haue wee deuis'd to steale«, bevor wenig später das Haupttor genannt wird.

bekannt war. Da er das Wort ›*Quercia*‹ nicht kannte fragte einer aus unserer Gruppe danach. ›Eiche (Oak)‹, sagte er, ›die Eiche des Herzogs (the Duke's Oak).‹ Ich schnappte ungläubig nach Luft. Da er dachte, ich hätte es nicht verstanden, wiederholte er: ›Der Führer sagte *the Duke's Oak*.‹ Beinahe atemlos stützte ich mich an die Mauer. The Duke's Oak? Könnte das wahr sein?
...
Traditionell wurde angenommen, daß es sich bei der im MSND erwähnten Duke's Oak [At the Dukes oke wee meete. I, ii, 90] um irgendeinen mächtigen Eichbaum im Außenbereich des griechischen Athen handelt. Die spärlichen Kommentare hierzu schlagen in der Regel vor, daß es sich um eine Eiche in einem Wald in der Nähe einer Stadt handelte, die es aufgrund besonderer Eigenschaften verdiente, nach einem Herzog benannt zu werden. Aber inzwischen ... sollte diese Erwähnung, insbesondere da es sich um einen Eigennamen handelt, zu ruhigerem Nachdenken anregen. Sie hätte niemals derart leichtfertig abgetan werden dürfen.«

4) *La Chiesa dell' Incoronata* ist *The Temple*

»Die zweite und einzige weitere Anspielung auf etwas, das nur im *Mittsommernachtstraum* auftaucht (und in ›Klein Athen‹ lokalisiert werden kann), wird in den modernen Editionen des Stücks nicht erwähnt ... Aber es ist signifikant und ein weiteres Stück, das sich perfekt in das Puzzle des Schauplatzes des *Mittsommernachtstraums* einpaßt.
Dieser besondere Hinweis – das Wort ›temple‹ wird [in allen modernen Editionen, nur nicht bei uns] mit

oben:
Porta della Vittoria

rechts:
La Chiesa dell' Incoronata

kleinem ›t‹ geschrieben – findet sich in Akt IV, Szene 1, im Wald. ...

> Theseus: ... in the temple, by and by, with us
> These couples shall eternally be knit ... [IV, i, 187]

Kurz darauf findet sich folgender Dialog:

> Lysander: bid us follow to the temple. [IV, i, 206]

Sowohl in den Quartoausgaben als auch in der First Folio wird das Wort ›temple‹ großgeschrieben, exakt wird es ›Temple‹ buchstabiert. Das ist sicherlich eine Kleinigkeit, aber ... sie ist von keiner geringen Bedeutung, wenn wir die wirkliche Lage von des Verfassers ›Athen‹ zu bestätigen versuchen: in Sabbioneta, ›Klein Athen‹, gibt es einen ›Tempel‹. Es handelt sich um die an Vespasiano Gonzagas Mausoleum angrenzende Kirche, bekannt als *La Chiesa dell' Incoronata* (Die Kirche der Gekrönten Jungfrau). Diese kleine Kirche wurde jedoch einfach nur ›der Tempel‹ genannt. Mit großem ›T‹.«

Es gibt noch zwei weitere Stellen, die Roes Entdeckung bestätigen. Alle 4 Stellen, an denen *Temple* großgeschrieben ist, verweisen auf einen konkreten, allen Beteiligten bekannten Ort:

Hel. I, in the Temple, in the towne, the fielde,
   You doe me mischiefe. (II, i, 241f.)

Snug. Masters, the Duke is comming from the Temple (IV, ii, 17f.)

Eine Selbstparodie

Der Verfasser eines Werkes, wenn er denn als Person auftritt und sich nicht hinter Anonymität und Pseudonymen verbirgt, ist ein Mitglied der Gesellschaft seiner Zeit und wird von ihr zuerst als Person eingeordnet, nur sekundär und von wenigen aufgrund seines Werkes. Dies ist nicht erst seit dem 20. Jahrhundert so:

»Schenk einem Mann ein Buch, und sobald der Schenker den Rücken gekehrt hat, wird er es achtlos in die erstbeste Ecke werfen; er ist nicht gerade erpicht darauf, sich mit dem Buche abzumühen. Wenn ihm aber nun der Verfasser in persona gezeigt wird, zehn zu eins, daß er dann in die Ecke geht, das Buch aufhebt, den Staub von seinen Deckeln wischt und das unschätzbare Werk mit größter Sorgfalt liest.« (Herman Melville, *Pierre*)

Inzwischen gibt es viele externe Querbezüge auch im *Mittsommernachtstraum* zum Leben Edward de Veres (»Für die Entdeckung einer solchen Querverbindung zu Shaksperes Leben würde mancher Stratfordianer gewiß ein halbes Pfund von seinem Herzen dahingeben« (Klier 190)):

* Exakte italienische Lokalkenntnisse, die auf seine eigene Reise 1576-77 verweisen
* persönliche Lieblingsbücher wie die Geneva bible, Ovid, Plutarch
* Wortspiele wie *Oxlips* (II, i, 255) oder *Ox-beefe* (III, i, 179)
* Familiäres und Höfisches etc.

Eine dominante aristokratische Weltsicht ist insbesondere in den Kommentaren des Publikums zum Rüpelspiel mit Händen zu greifen; nur mit gewundenen Wegerklärungen könnte man sich gut zureden, daß der Verfasser nicht auf dieser Seite der Gesellschaft zuhause wäre. Damit ist natürlich nicht impliziert, daß er nicht auch (zum Teil sehr große) Distanz zum eigenen Milieu ausdrückt. Solch eine Distanz (von innerhalb, nicht von außerhalb) ist am besten zu belegen aus einer Distanz zu *sich selbst*, wobei mit diesem Selbst nicht das des Grafen von Oxford gemeint ist (diese Identität wird ja meist empört bestritten), sondern das des *Verfassers* William Shakespeare.

Mehr oder weniger gewunden gibt jeder Kommentator zu, daß *Pyramus und Thisbe* eine derbe, dadurch aber grotesk komische Parodie eines ganz besonderen Stückes ist: *Romeo und Julia*, geht dann aber kaum weiter darauf ein. Die Scheu, diesen Zusammenhang entsprechend sekundärliterarisch zu verwerten, ließe sich dadurch erklären, daß zur ironischen Selbstdistanz auch eine zeitliche Distanz des Autors Shakespeare, der den *Mittsommernachtstraum* schrieb, zum Autor Shakespeare, der *Romeo und Julia* schrieb, gehören muß. Wenn man beide im selben Jahr lokalisert (1595, z. B. im Shakespeare-Handbuch), ist das nicht durchzuhalten, nicht denkbar, denn es kann nicht sein, was nicht sein darf.

Datierung

Wenn frühe (im konventionellen Sinne abweichende) Fassungen eines Stückes vorliegen (bei *King John*, *Richard III.*, *Hamlet*, *Romeo and Juliet* u. a.), stellt sich vordringlich das Problem einer Bewertung im Sinne einer Entstehung und Umarbeitung in Stufen. Wenn aber von einem Shakespeare-Stück eine autorisierte gedruckte Version vorliegt, ist die Diskussion über eine darüber hinausgehende Datierung dieses Stückes weitgehend müßig. Mit etwas Phantasie könnte man sich zwar auch einen Ur-MSND vorstellen, der von der gedruckten Version so sehr abweicht wie der Ur-*Hamlet* von der Langfassung; alle vermeintlich sicheren Aussagen über diesen Entstehungsprozeß sind jedoch letztlich unbrauchbar. Was nützt es z. B. zu wissen, daß der Titel 1598 in der Verlagswerbeschrift von Meres erwähnt wird, oder was würde daraus folgen, daß ein Stück mit diesem Titel zum Zeitpunkt X (selbst so etwas ist beim MSND nicht belegt) aufgeführt wurde, wenn niemand weiß, was genau dort aufgeführt wurde (von bloßen Erwähnungen eines Titels ganz zu schweigen). Die ganze Datierungsdebatte ist gefüllt mit schematischen Vorstellungen, Vermutungen, unreflektierten Axiomen, Aufbauschungen aufgeschnappter Realienzipfel und oft einfach nur Raterei; Ziel ist (außer der Bekräftigung/ Behauptung der Wichtigkeit des Sekundärliteraten) die Einordnung des jeweiligen Stückes in ein Chronologieschema (endlich haben wir eine sortierte und numerierte Liste!), aus dem heraus dann weiterfabuliert wird.

Daß sich jetzt auch Oxfordianer an diesem Sport beteiligen, macht die Sache nicht einfacher, nur bunter. So schreibt Kurt Kreiler Censorius:

»*A Midsummer Night's Dream* ist auf die Zeit zwischen 1584 und 1587 zu datieren: erstens, da der Vergleich von Theseus und Hippolyta mit dem bukolischen Pärchen Phyllida und Corin auf die Hofaufführung einer gleichnamigen Pastorale im Dezember anspielt – und zweitens aufgrund Oberons neckischer Rede über Cupidos Liebespfeil ... [vgl. II, i, 157ff.]. Natürlich betrifft diese Rede den für immer verschossenen Liebespfeil Alençons ... In Anthony Mundays *John a Kent and John a Cumber* (1587/88) sind unüberhörbare Anklänge an die Laienspielszenen aus dem Sommernachtstraum enthalten.« (Kreiler 322)

Wird durch dieses vermeintlich Unübersehbare von politischen Scherzen, die sich auf Ereignisse beziehen, die 13 oder 17 Jahre vor der Veröffentlichung des Stückes aktuell waren, der MSND zu einer Art barocker, zudem nostalgischer Hof-Allegorie? Die Stratfordianer hingegen können den Löwen genauer datieren:

»Chambers (dem die meisten Kommentatoren folgen) argumentiert aufgrund der Diskussion der Handwerker (III, i, 26-42), ob es wegen der Gefahr, die Damen zu erschrecken, ratsam sei, einen Löwen auf die Bühne zu bringen, für 1594 als frühestes Entstehungsdatum. Es ist ›höchst wahrscheinlich‹, behauptet Brooks, daß diese Stelle auf einen Zwischenfall zurückgeht, der sich auf der Tauffeier von Prinz Heinrich von Schottland am 30. August 1594 ereignete. Als König Jakob dinierte, wurde ein Streitwagen von einem Mohren hereingezogen; er war ein Ersatz für den dafür vorgesehenen realen Löwen, ›denn die Gegenwart des Löwen hätte den Nahestehenden einige Angst einjagen können‹. (Gilvary 116)

Die Anspielung ist plausibel, aber auch aus ihr folgt nicht, daß das gesamte Stück nur hieran aufgehängt werden muß.

Kevin Gilvary hingegen versucht, insgesamt überzeugend, nicht nur eine Brücke zur nichtoxfordianischen Forschung zu bauen, sondern berücksichtigt auch, daß das Stück über einen längeren Zeitraum hin entstanden und abgewandelt sein könnte: »*A Midsummer Night's Dream* kann zwischen der Mitte der 1580er Jahre, als alle Hauptquellen erreichbar waren, und 1598, als er von Meres erwähnt wird, datiert werden.« (Gilvary 120) Warum dann nicht 1576 (Oxfords Rückkehr aus Italien) bis 1600 (Drucklegung)? Oder besser noch: Der Text vereinigt zahlreiche Schichten/Ebenen: mythologisch-literarisch (Ovid u.a. Klassiker, seit 1567), italienisch (Commedia dell'arte, seit 1575), höfisch (Festspiel, Maskenspiel, seit 1584?) etc. Diese von der Tendenz her endlose Entstehungsdiskussion sollte aber nicht dazu führen, daß das Stück irgend etwas anderes wird: eine Allegorie, um Elizabeth zu ärgern (oder auch zu amüsieren), eine Privatkomödie der de Veres, ein Stück zum Lobpreis des Handwerks – und nicht mehr der *Mittsommernachtstraum*, die immer noch berühmteste und beliebteste Komödie der gesamten Weltliteratur.

Uwe Laugwitz

Literatur

(A&C) William Shakespeare: The Tragedie of Anthony and Cleopatra/ Antonius und Cleopatra. (Steckels Shake-speare) Buchholz in der Nordheide, 2013

(Anderson) Anderson, Mark: ›Shakespeare‹ By Another Name. New York 2005.

(Chiljan) Chiljan, Katherine: Shakespeare Suppressed. San Francisco 2011

(Detobel) Detobel, Robert: Neue Spuren zu Shakespeare *Neues Shakespeare Journal* 3, 110-150 (1998)

(Gilvary) Gilvary, Kevin (Hrsg.): Dating Shakespeare's Plays: A Critical Review of the Evidence. Tunbridge Wells 2010.

(Klier) Klier, Walter: Der Fall Shakespeare. Buchholz i. d .N. 1995

(Kreiler) Kreiler, Kurt: Der Mann, der Shakespeare erfand. Frankfurt/ M. 2009

(Looney) Looney, John Thomas: ›Shakespeare‹ Identified in Edward de Vere, Seventeenth Earl of Oxford. New York/London 1975

(Malim) Malim, Richard: The Earl of Oxford and the Making of »Shakespeare«. Jefferson, North Carolina, London 2012

(Moore) Moore, Peter R.: The Lame Storyteller, Poor and Despised, Buchholz i.d.N. 2009

(OE / Holland) Holland, Peter (Hrsg.): A Midsummer Night's Dream. New York 1994. (The Oxford Shakespeare)

(Roe) Richard Paul Roe: The Shakespeare Guide to Italy. New York 2011.

(Shakespeare-Handbuch) Schabert, Ina (Hrsg.): Shakespeare-Handbuch. Stuttgart 1992.

Steckels Shake-Speare
Editionsplan

The Life of Tymon of Athens/Timon aus Athen (2013

The Tragedie of Macbeth/Die Macbeth Tragödie (2013)

The Tragedie of Anthony and Cleopatra/Antonius und Cleopatra (2013)

The Tragœdy of Othello, the Moore of Venice/Die Tragödie von Othello, dem Mohren von Venedig (2014)

A Midsommer Nights Dreame/Ein Mittsommernachts-traum (2014)

★ ★ ★

As You Like It/Wie es euch gefällt

Loues Labour lost/Verlorene Liebesmüh

The most lamentable Tragedie of Romeo an Luliet/Die Tragödie von Romeo und Julia

The Tragedie of Cymbeline/Cymbeline

The Tragedie of King Richard the second/Die Tragödie von König Richard II.

The Life and Death of King John/Leben und Sterben des Königs John

The Raigne of King Edward the third/Die Regierung des Königs Edward III.

Twelfe Night, Or what you will/Die zwölfte Nacht oder Was ihr wollt

The Tragedie of Hamlet, Price of Denmarke/Die Tragödie von Hamlet, Prinz von Dänemark